Karl Hugo Pruys

Die Liebkosungen des Tigers

Eine erotische Goethe-Biographie

Mit 20 Abbildungen

edition q

Die Deutsche Bibliothek – CIP-Einheitsaufnahme:

Pruys, Karl Hugo:
Die Liebkosungen des Tigers : eine erotische Goethe-Biographie /
Karl Hugo Pruys. – Berlin : Ed. q, 1997
ISBN 3-86124-344-X

Lektorat: Dr. Jürgen Schebera
Umschlaggestaltung: Guido Marc Pruys unter Verwendung eines
Gemäldes von J. H. W. Tischbein
Abbildungen: Die Vorlagen stammen, wenn nicht anders vermerkt,
aus dem Archiv des Autors

Druck und Bindung: Ebner Ulm
Printed in Germany

Buch: ISBN 3-86124-344-X
Buch und CD: ISBN 3-86124-345-8

Christa und Katharina
gewidmet,
die niemals darüber
klagen, daß sie
meine Liebe
mit IHM
teilen.

Inhalt

Der Mann verlangt den Mann; er würde sich einen zweiten erschaffen, wenn es ihn nicht gäbe. Eine Frau könnte eine Ewigkeit leben, ohne daran zu denken, sich ihresgleichen hervorzubringen.

Wahlverwandtschaften II/7

Prolog

„Goethe hat niemals geliebt?
Sie müssen verrückt sein!
Erst gestern habe ich ‚Willkommen und Abschied‘
gelesen, und gleich darauf noch einmal die
Marienbader ‚Elegie‘.
Friederike, Ulrike!! Nein, nein, er hat geliebt,
und wie!! – Ob er dabei sein Glück gefunden hat? – Ich
weiß es nicht, doch wer kann das schon
von sich behaupten?“

Der Nachmittag eines Fauns

Ist es vorstellbar, daß Johann Wolfgang von Goethe, dem Großmeister abendländischer Liebeslyrik, die Erfüllung in einer sein Leben lang ersehnten Liebe versagt geblieben ist? Der Prophet der Empfindsamkeit, Schöpfer anrührender Frauengestalten, der gelegentliche Zotenreimer genauso wie der Künder eines universellen Eros, könnte zu unser aller Überraschung ein erotisch und sexuell introvertierter Egomane gewesen sein. Der Dichter bewegte sich in einem Niemandsland zwischen den Geschlechtern, war noch dazu vielleicht ein „kalter Weiberhasser", wie sein schwieriger Freund Johann Gottfried Herder bereits den jungen Mann schimpfte, damit der seinerzeit schon umgehenden Legende vom göttergleichen Frauenliebling trotzig widersprechend.

11

Eine erste Beziehung zu einer Frau – körperliche Liebe eingeschlossen – ist bei Goethe erst im mittleren Alter nachweisbar. Selbst die tatsächliche Rolle der im Gedicht aufgerufenen „Faustine" kann in den „Römischen Elegien" durchaus poetisch überhöht worden sein, obwohl der Dichter in ihr den „ächten nacketen Amor" erblickt haben will, doch wenn, dann zum erstenmal in seinem Leben. Seine Biographen stellten sich unterdessen auf den Standpunkt, die Mutmaßungen über Goethes sexuelle Beziehung zu der 24jährigen römischen Witwe Faustina Antonini entsprächen der Realität. Sie sei „willig, frei und vor allem: sicher" gewesen. Letzteres hieß: Er habe sie lieben können, ohne sich der Gefahr einer Geschlechtskrankheit auszusetzen, was für Goethe, den in dieser Hinsicht neurotisch-ängstlichen Freier, von unschätzbarer Bedeutung war. Alle Geschichten über jene legendäre Faustina haben sich allerdings 1996, sofern sie nicht bereits früher angezweifelt wurden, in Nebel aufgelöst. Zwei italienische Goethe-Forscher entlarvten die sogenannte Faustinen-Affäre als geschickte Fälschung eines literarisch dilettierenden italienischen Journalisten des späten 19. Jahrhunderts.

Dessenungeachtet bleibt die Vermutung bestehen, daß Goethe mit einer anderen italienischen Schönheit während seines zweimaligen Rom-Aufenthalts sexuellen Kontakt hatte. Wenn es denn zur Vereinigung gekommen sein sollte, wäre dies immer noch ein sehr später Eintritt ins Sexualleben – Goethe reiste mit 37 Jahren nach Italien, und kehrte mit fast 39 nach Weimar zurück.

Erst die 23jährige Seidenblumenbinderin Christiane Vulpius läßt den bald 40 Jahre alten Mann auf einmal „sinnlich" werden, wie seinen Freunden aufgefallen ist.

indem er sich vornehmlich jenen zu nähern suchte, die ihm als Sexualobjekt von vornherein unnahbar erscheinen mußten: der verheirateten oder viel jüngeren Frau, einem weiblichen Wesen weit unter seinem Stand, nicht zu vergessen: der eigenen Schwester! Ob die These, Goethe sei infolge einer ihm nicht bewußt gewordenen inzestuösen Neigung zu seiner Schwester Cornelia Frauen gegenüber sexuell zeitlebens gehemmt gewesen, zugleich Aufschluß über seine gleichgeschlechtlichen Obsessionen geben kann, mag psychoanalytischer Forschung vorbehalten bleiben. In seinen Dichtungen finden sich gleichwohl für deren Vorhandensein genug Beispiele. Sinn- und augenfällig dokumentiert, erklären sie sich vielleicht auch als Flucht vor einer unwiderruflichen Bindung an eine andere Frau (an eine Frau überhaupt?). Die vielfachen Trennungen von sogenannten Liebschaften mögen zu deuten sein als romantische Verbrämungen einer ganz trivialen Unfähigkeit Goethes, sich näher, vornehmlich körperlich, mit Frauen einzulassen. Er „trennte" sich folglich nicht von ihnen, sondern pflegte diese Frauen aufzugeben, weil die Fortsetzung unbefriedigender Bindungen ihm sehr beschwerlich werden konnte.

Auf der anderen Seite nimmt schließlich einen Platz als Frau und „Bettschatz" (wie Goethes Mutter sich treffsicher ausdrückte) die schon erwähnte Christiane Vulpius ein. Ihr war es offenbar gelungen, den innerlich gewandelt aus Italien zurückgekehrten Goethe, in einem Augenblick nachlassenden Widerstandes, mit dem Charme der einfachen, erotisch betörenden jungen Frau spontan zu faszinieren. Wodurch im nachhinein der vermutlich irrtümliche Eindruck entstanden ist, Goethe sei hier als Verführer aufgetreten, möglicherweise schon bei ihrer ersten Begegnung.

Unzweifelhaft aber erlebt der Dichter in diesen Augenblicken seinen ersten, vielleicht einzigen Nachmittag eines Fauns, mit sinnbetörenden Empfindungen geahnter Erfüllung. Wenn man dies in der Goethe-Forschung stets anders gesehen hat – was auch auf seinen jüngsten Biographen Nicholas Boyle zutrifft –, so vielleicht deshalb, weil der Nachwelt Christiane als ein etwas hilfloses, beschützenswertes und -bedürftiges junges Mädchen erscheint. Dabei darf man sie sich als eine junge Frau von beachtlichem Selbstvertrauen vorstellen, was zumindest ausreichen mußte, um dem hohen Herrn ohne Zeichen von Furcht gegenüberzutreten, angemessene Einschätzung ihrer Weiblichkeit eingeschlossen. Ein armes Hascherl, wie vornehmlich das neunzehnte Jahrhundert die Kleine sah, hätte niemand, erst recht nicht ihr Bruder, der Goethe treffend einzuordnen wußte, dem Herrn Geheimrat mit einer Bitte um Festanstellung bei Hofe in die Arme getrieben. Wir müssen annehmen, daß demzufolge Christiane genau wußte, wen sie vor sich haben würde, und wie sie darauf reagieren mußte.

Liebe ist für diesen Dichter kein beliebiges Thema. Werner Keller meint, Goethe sei „der geniale Erotiker, der die Welt herrlich wie am ersten Tag zu schauen vermochte, weil er sie das eine Mal mit verliebtem, ein andermal mit liebendem Auge wahrnahm". Über Liebe nachzudenken, die Liebe zu bedichten und Liebe zu fühlen, gelegentlich auch ohne sich ihr hinzugeben, gehört zur Grundmelodie von Goethes Leben.

Leicht kann man diese Beobachtung an der Fülle der Erwähnungen von Liebe und allem, was mit ihr verwandt ist, in seinem Werk nachweisen. Die kommentierte Hamburger Ausgabe führt im Register 139mal „Liebe" auf, im allgemeinen Sinne der Menschenliebe, Zuneigung und Verbundenheit, aber auch Eros und Sexualität einschließend, oft in komplexen Zusammenhängen. 21mal wird Liebe im ewig-göttlichen Sinne abgehandelt, Liebe und Religiosität 16mal, die Rolle des Liebhabers 14mal, die Liebenden allgemein 8mal, Neigung, oft gleichbedeutend mit Liebe, 73mal, Leidenschaft 66mal, All-Liebe oder all-liebend (Goethes Idee von einem neuzeitlichen Pantheismus nahekommend) 5mal und Schönheit im Kontext mit Liebe 37mal. In den Briefen sind die Erwähnungen von „Liebe" und/oder „Leidenschaft" nicht ganz so zahlreich, doch findet sich das Thema Liebe in bedeutungsstarkem Zusammenhang immerhin 48mal, und Leidenschaft 24mal aufgerufen.

Derselbe Autor, der im Entwurf eines „Hanswurst"-Dramas ungeniert vom „Vögeln" reden läßt, entdeckte eine „Liebe an sich", eine allgemeine Menschenliebe, die nicht immer und zu jeder Gelegenheit zwischen den Geschlechtern unterscheidet, und sich nicht sklavisch auf die eine oder andere Variante festlegt und vermutlich deshalb so häufig scheitern muß, was Goethe tief unglücklich werden ließ. Er habe in seinem ganzen Leben allenfalls „sieben glückliche Tage" gehabt, klagt er im Alter. Ungeachtet dessen hoffte er unentwegt auf „neue Liebe, neues Leben", erst recht aber, wenn sie in der Schwebe zwischen weiblichem und männlichem Prinzip, zwischen Sinnlichkeit und Sinn verharrte. Seine Erotik bewegt sich dadurch häufig im Androgynen, das ihn stets mächtig angezogen hat. Zur schönsten Blüte dieser androgynen Variante des Sexuellen gestaltete Goethe Mig-

non im „Wilhelm Meister". Beziehungsreich schreibt
Goethes Jugendfreund Jakob Michael Reinhold Lenz
über den brüderlich geliebten Dichter, er sei hier (in
Weimar) „wirklich Mignon". In diesem Zusammenhang
könnte man überdies zurückgreifen auf Goethes Wort
von der „zarten Organisation" seines Wesens, die außer-
gewöhnlichen Menschen eigen sei, und die man getrost
auf seine sexuelle Ambivalenz übertragen darf. So sind
durchaus feminine Verhaltensweisen ihm nicht fremd.
Und während er sich zum Rollenspiel der Frau im Manne
bekennt, wird später bei Friedrich Nietzsche, unter den
Genialen einer seiner rückhaltlosesten Bewunderer, das
Phänomen verdrängter Weiblichkeit im Manne sichtbar.

Ob Goethe nun die Liebe beklagt oder besingt, er kann
nicht ohne seine Minchen, Bettinen, Charlotten, Caroli-
nen, Käthchen und Friederiken sein. Darunter befinden
sich, neben und hinter den realen Figuren, mancherlei
Kopfgeburten und fiktive Gestalten, oder Frauen, deren
er gar nicht ansichtig wurde. So schrieb er seine leidenschaftlichsten Briefe, voll rückhaltloser Selbstanklagen
und glühendster Beteuerungen seiner Gefühle, an Auguste („Gustgen") von Stolberg, der er niemals begegnete.

„Und wenn euch Amor einmal kriegt, dann ist es aus
mit euch!" verhöhnt der Dichter die törichten Verächter
des weiblichen Geschlechts in seiner „Pygmalion"-Ro-
manze. An anderer Stelle spottet der Autor des „Faust"
über die Weiber, die „so tausendfach aus einem Punkte
zu kurieren" seien. Er scheut sich nicht, gelegentlich vul-
gär von der „Fotze" zu sprechen. In stilistisch wohldo-
sierten Derbheiten kokettiert Goethe vermutlich nur mit
seiner Männlichkeit. Einen sein ganzes Wesen beherr-
schenden Masochismus vermag er dabei nicht zu ver-

bergen. Seine Leidenswilligkeit in den Beziehungen zu
Frauen läßt sich heute nicht länger übersehen, mögen die
Goethe-Adepten des 19. Jahrhunderts und darüber hinaus von dieser Seite seiner Persönlichkeit auch nichts bemerkt haben wollen. Außerdem huldigte der Meister im
fortgeschrittenen Alter einem ausgeprägten Fuß- und
Schuhfetischismus, wie man Briefen an Christiane entnimmt. Goethe litt zugleich unter panischer Menstruati-
onsfurcht (wie man bei Kurt Eissler nachlesen kann),
was seinen „Bettschatz" wiederholt zu der Versicherung
nötigte, ihm in solchen Momenten fernzubleiben. Gelegentlich wird Goethe, der gern Maskierte und tief Ver-
schlossene, überraschend zum Exhibitionisten. In einem
epischen Gedicht, posthum veröffentlicht, malt der
Dichter mit fast genießerischer Ironie Augenblicke pei-
nigender Impotenz aus. Gleichzeitig hegt der ältere
Goethe eine Vorliebe für pornographischen Voyeurismus, der sich hinter seiner Kunstliebhaberei versteckt.
So kommt eine der erlesensten Sammlungen antiker Erotica und Priapea zustande, die er gern und ausgiebig sich-
tete, auch im Beisein von Freunden.

Und immer wieder, immer neu kehrt Goethe zu seinen
homoerotischen Sehnsüchten zurück, die er uns zuletzt
in einem grandios-diabolischen Zerrspiegel („Faust II")
vor Augen führt, wenn er Satans Jünger, nachdem sie
sich weidlich mit Mephisto herumgeschlagen haben, mit
einer beziehungsreichen Anspielung „ärschlings in die
Hölle" fahren läßt.

* * *

19

Ist Endgültiges über Goethes Verhältnis zu Liebe und Sexualität zu sagen? Vielleicht dies: daß er am Ende von nichts stärker als vom Erlösungsgedanken beherrscht wird, mit dem sich seine leidende Natur unablässig konfrontiert sieht. Liebe als Religion: „So warst du denn im Paradies empfangen, als wärst du wert des ewig-schönen Lebens", so der hochbetagte Goethe nach dem erzwungenen Abbruch seiner hoffnungslosen Ulrike-Liebelei.

Der Kreis schließt sich, den der verwirrte junge Mann nach erstem Experimentieren in den Bezirken der Zärtlichkeit eröffnet hatte. Zuweilen spricht der Naturgläubige im Alter mit ungewohnt sakralem Eifer von der Liebe als einer Art alleinseligmachender Gnade. Vorausgegangen ist freilich ein langes Leben mit immer neuen Anläufen zum entgrenzenden Befreiungsakt, der ihm tragischerweise erst mit seinem physischen Tode gelingt, wie uns bereits im „Werther" schmerzlich vor Augen geführt wird. Auch von daher erschließen sich uns vielleicht Gefühlstiefe und Gedankenreichtum seiner Liebesgedichte, die in dieser Hinsicht ohne Beispiel in der Literatur sind. Im Alter erscheinen sie uns schließlich von spannungsreicher Ausgeglichenheit, in deren Gewand sein Geist, wann immer wir wollen, uns begegnen kann.

Genug von Mädchen!

Cornelia, die um ein Jahr jüngere Schwester Goethes, erfährt als erste von Liebeshändeln oder dem, was ihr Bruder dafür ausgibt. Johann Wolfgang oder „Hätschelhans", wie Mutter Aja ihren 16jährigen Sohn immer noch zu nennen gewohnt ist, hat im Herbst 1765 ein Studium der Rechtswissenschaften in Leipzig aufgenommen, das ihn nicht gerade zu fesseln scheint. Sein Interesse richtet sich vielmehr auf die Poesie, nebenher besucht er anatomische und botanische Vorlesungen. Der gestrenge Vater, Kaiserlicher Rat Johann Caspar Goethe in Frankfurt, wird davon allenfalls in vagen Andeutungen etwas erfahren haben.

Der Student Goethe betritt die Leipziger Szene („. . . mein Leipzig lob' ich mir, es ist ein klein Paris . . .") als aufgeputzter Rokoko-Galan mit den Manieren eines jugendlichen Dandy, der vornehmlich die Damenwelt auf sich aufmerksam zu machen sucht. Einigen seiner Kommilitonen fällt er damit entweder auf die Nerven, oder er reizt sie zum Widerspruch. Andere glauben, sobald sie seiner ansichtig werden, „vor Zorn rasend zu werden oder vor Lachen bersten zu müssen", wie Jugendfreund Johann Adam Horn an den gleichaltrigen Jura-Studenten Karl Ludwig Moors schreibt.

Goethe selbst, der es liebt, im unverbindlichen Plural

21

von „denen Mädgen", die ihn reizen oder amüsieren, meist erfundene Geschichten zu erzählen, läßt sich in einem der ersten Briefe an seine Schwester plötzlich, doch nur scheinbar unmotiviert mit dem Ausruf „Fort! Fort! Fort! Genug von Mädchen" vernehmen. Was sollte diese Bemerkung bedeuten? Koketterie? Eine Geste der Verlegenheit? Ausdruck tatsächlichen Überdrusses? Eine Formulierung jedenfalls, auf die Goethe in seinen späteren Jahren mit anderen Worten immer wieder zurückkommt.

Noch ist des jungen Goethe erste Liebe, wenn man sie überhaupt so nennen darf, nicht beendet, obwohl sie genau genommen nicht eigentlich angefangen hat. Käthchen Schönkopf, bereits lebenserfahrene Wirtstochter und mit ihren neunzehn Jahren ein richtiges Weibchen schon, hat den Jungen betört und zugleich in tiefe Verwirrung gestürzt: „Ich bedauere ihn und sein gutes Herz, das wirklich in einem sehr mißlichen Zustande sich befinden muß, da er das tugendhafteste und vollkommenste Mädchen ohne Hoffnung liebt", räsoniert der aufmerksame Horn und bemerkt weiter, mit mehr als nur rhetorischem Hintersinn: „Und wenn wir annehmen, daß sie ihn wiederliebt, wie elend muß er da erst sein?" Eine bis dahin unentdeckte Seite in Goethes Wesen wird da unvermittelt berührt: von Mädchen „Abschied" zu nehmen, ohne erst wirklich bei ihnen „angekommen" zu sein. Sicherlich, er war verliebt in seine Liebe zu ihr, doch eine Verbindung mit der Angebeteten war offenkundig nie gewollt. Einmal äußert Goethe den überraschenden Gedanken, er könne zwar ohne sein Käthchen leben, freilich „niemals ohne meine Liebe zu ihr". Auf letzteres wird es ihm wohl angekommen sein.

22

Und Käthchen selber? Es ist fraglich, ob sie verstanden hat, welche Gefühle der Student für sie hegte – ob ihm der Flirt genügte, die Tändelei, wie man dies damals nannte –, oder ob er wahrhaft an ihrer Person interessiert gewesen ist. Nahezu unbeeindruckt vom Drängen des „Liebhabers" Goethe verlobte sich die kaum Erwachsene jedenfalls bald nach dessen Weggang von Leipzig mit einem tüchtigen Mann, einem späteren Ratsherrn der Messestadt. Von diesem Zeitpunkt an schreibt er lange Briefe an Käthchen, aus der Distanz des Frankfurter Vaterhauses, in das der mittlerweile Neunzehnjährige kränkelnd und mißvergnügt zurückgekehrt ist. Die beiden sind immer noch per Sie, und Goethe unterzeichnet seine Briefe mit einem devoten „Ihr ergebenster Freund . . ."

Daß ihm die „Beziehung" zu Anna Katharina Schönkopf sehr naheging, deutet sich der alte Goethe noch bei Niederschrift von „Dichtung und Wahrheit" in einer seinen masochistischen Neigungen nachgebenden Weise: Es habe sich um einen Fall gehandelt, der „uns verleitet, aus der Quälerei der Geliebten eine Unterhaltung zu schaffen . . ." Und dabei scheint er sich noch einmal einbilden zu wollen, er habe dieses Mädchen tatsächlich besessen, um der ernüchternden Erkenntnis nachzugeben, daß seine Distanz zu ihr eine absichtsvolle war: „Allein es war zu spät! Ich hatte sie wirklich verloren, und die Tollheit, mit der ich einen eigenen Fehler an mir selbst rächte, indem ich auf mancherlei unsinnige Weise in meine physische Natur stürmte, um der sittlichen etwas zu Leide zu tun, hat sehr viel zu den körperlichen Übeln beigetragen, unter denen ich einige der besten Jahre meines Lebens verlor . . ." Welchen Fehler meinte Goethe?

Wenn er gerade nicht an die Schönkopf denkt, ist er in Gedanken bei Friederike, der schönen Tochter des Kupferstechers Adam Friedrich Oeser in Leipzig, in dessen Haus der Student zu Gast sein konnte, wann immer es ihm beliebte. Doch der gesellige, lebhafter Unterhaltung zuneigende Goethe liebte während seiner ersten drei Studienjahre zugleich die Einsamkeit. Ja, er muß sie genossen haben, wie er uns in einem Vierzeiler wissen läßt:

> Es ist mein einziges Vergnügen,
> Wenn ich entfernt von jedermann,
> Am Bache, bei den Büschen liegen,
> An meine Lieben denken kann.

In Leipzig hat er die bis dahin freiesten und zugleich turbulentesten Wochen und Monate seines Lebens zugebracht, hat außer gesellschaftlichem Verkehr in Bürgerhäusern seinen Spaß mit den Kommilitonen gehabt und damit begonnen, regelmäßig Alkohol zu sich zu nehmen, in gehörigen Mengen, wie er im Alter einräumt. Der Hochbetagte erinnert sich noch bei Abfassung seiner Autobiographie an „das schwere Merseburger Bier, das mein Gehirn verdüsterte". Und natürlich an den Freund Ernst Wolfgang Behrisch, späteren Prinzenerzieher in Dessau und für Goethe das Urbild des Mephisto. Dieser um elf Jahre ältere Mann gewinnt für den spätpubertierenden Jüngling eine Bedeutung, die sich gar nicht überschätzen läßt.

Behrisch wird zu seinem engsten Vertrauten, vielleicht zum ersten Menschen überhaupt, zu dem er mit Achtung und Erstaunen aufblicken kann. Behrisch muß zynisch und in nahezu allem brillant gewesen sein, ein ebenso eloquenter wie schillernder Kopf. Für einen Paradiesvogel wie den jungen Goethe gerade der richtige Umgang, und die intimste Adresse, möglicherweise sogar mehr. „Ha Behrisch, das ist einer von den Augenblicken!" schreibt er an einem Novemberabend 1767 an den Freund, „Du bist weg, und das Papier ist nur eine kalte Zuflucht, gegen deine Arme. O Gott, Gott . . ." Auf sieben Seiten verbreitet sich der Verzweifelte dann über seine unglückliche „Liebe" zu Käthchen, doch als die stärksten Passagen mögen die zitierten Eingangszeilen gelten, in denen er sich in einer unmißverständlichen Metapher den geliebten Freund herbeisehnt. In seinem letzten Brief vor der Heimreise nach Frankfurt schreibt Goethe abermals von seiner nun endgültigen Trennung von der Geliebten, und davon, daß er eben deshalb „glücklich" sei. Das liest sich wie ein Stück aus einem Roman der Epoche der Empfindsamkeit, doch der Schlußsatz wiederum wirkt aufrichtig und mutet noch heute authentisch an: „O daß du hier wärest, daß du mich trösten, daß du mich lieben könntest."

Auch die „Oden an meinen Freund Behrisch", selten zitierte Verse im Stile der dann beispielhaften Dichtungen dieser Gattung, „Prometheus" oder „Ganymed", rücken die Beziehung der beiden jungen Männer in eine zwar durchaus diffuse, und vielleicht gerade deshalb spannungsreiche Optik. Etwa das dritte dieser Widmungsgedichte:

Sei gefühllos!
Ein leichtbewegtes Herz
Ist ein elend Gut
Auf der wankenden Erde.

Behrisch, des Frühlings Lächeln
Erheitre deine Stirne nie;
Nie trübt sie dann mit Verdruß
Des Winters stürmischer Ernst.

Lehne dich nie an des Mädchens
Sorgenverwiegende Brust,
Nie auf des Freundes
Elendtragenden Arm.
. . .

Tod ist Trennung;
Dreifacher Tod
Trennung ohne Hoffnung
Wiederzusehn.

Gerne verließest du
Dieses gehaßte Land,
Hielte dich nicht Freundschaft
Mit Blumenfesseln an mir.

„Hielte dich nicht Freundschaft mit Blumenfesseln an
mir" – eine Metapher, so zärtlich, wie sie Goethe sonst
nur unter Anspielung auf Frauen verwendet, und in ab-
gewandelter Form später tatsächlich gegenüber Friederike Brion in Sesenheim gebraucht („Und das Band, das
uns verbindet, sei kein schwaches Rosenband!"). Doch
der Student spricht mit diesem schönen Bild einen Mann
an, und er meint einen Mann. Goethes Briefe an Behrisch haben vielfach den Charakter von Beichtbekennt-
nissen, in denen der Siebzehnjährige vom „tugendsamen
Feuer" schwärmt, das niemals in Laster verfallen werde.

Einer unterstellten Verdächtigung des Freundes vorgreifend, beteuert Wolfgang in beinahe komisch anmutender Weise seine Unschuld im Verhältnis zu oder mit Käthchen: „Ich fähig einer unsittlichen Liebe? Pfui! Komm nur gleich her und bitte mich um Verzeihung! Demütiglich, sehr demütiglich!"

Und bereits Wilhelm Bode, der so erfolgreiche Sammler von Briefen der Goethe-Zeit, nimmt richtigerweise die Beschreibung „erwünschter", nicht realer Szenen an, wenn unser Held in einem anderen Brief an Behrisch seine Phantasie schweifen läßt: „Die schöne Scham, die sie ohngeachtet unserer Vertraulichkeit so oft ergreift, daß die mächtige Liebe sie wider das Geheiß der Vernunft in meine Arme wirft! Die Augen, die sich zudrücken, so oft sich ihr Mund auf den meinigen drückt! Das süße Lächeln in den kleinen Pausen unserer Liebkosungen! Die Röte, die Scham, Liebe, Wollust, Furcht auf die Wangen treiben! Dies zitternde Bemühen, sich aus meinen Armen zu winden, das mir durch seine Schwäche zeigt, daß nichts als Furcht sie je herausreißen würde! Behrisch, das ist eine Seligkeit, um die man gern ein Fegfeuer aussteht!" Die beschriebenen Einzelheiten sind fast zu genau beobachtet, als daß sie der Liebende an sich selbst erlebt haben könnte. Es ist die Arbeit eines Schriftstellers, der in kühler Distanz zum Objekt festhält, was sich vor seinen Augen, und nicht in seinem Herzen abspielt. Es handelt sich möglicherweise sogar um eine Art halbbewußten Seelentrainings, sich von aufkeimenden Neigungen zu den meist etwas älteren (jungen) Männern abzulenken. Dafür spricht ein weiterer ziemlich künstlich wirkender Ausbruch Wolfgangs gegenüber dem geliebten Freund: „. . . aber ich liebe sie! Ich glaube, ich tränke Gift von ihrer Hand. Verzeih mir, Freund. Ich schreibe wahrlich im Fieber, wahrlich im Paroxysmus. Doch laß mich schreiben! Besser, ich lasse hier meine Wut aus, als daß ich mit dem Kopfe wider die Wand renne!" Die Selbststilisierung des unglücklich Liebenden deutet sich bereits an, eine Vorübung auf den „Werther", den Goethe wenige Jahre später in einem solchen Fieber niederschreiben wird, in weniger als vier Wochen.

Er schreibt immer weiter, ziemlich wahllos, weil die Gesichter, die ihm kommen, kaum von jenen zu unterscheiden sind, die er tatsächlich sehen und greifen kann. Es ist die Sehnsucht, die sich selbst genügt, die Liebe, die sich selbst erfüllt. Da zur Liebe die Wonnen der Erfüllung aber zumindest gedacht werden müssen wie die Verzweiflung aus Eifersucht, schreibt er sich in diesen gedichteten Briefen alles von der Seele, dessen er leibhaftig nicht gewahr werden sollte:

Auf Kieseln im Bache, da lieg ich wie helle,
Verbreite die Arme der kommenden Welle,
Und buhlerisch drückt sie die sehnende Brust.
Dann trägt sie ihr Leichtsinn im Strome darnieder.
Schon naht sich die zweite und streichelt mich wieder:
Da fühl ich die Freuden der wechselnden Lust.
O Jüngling sei weise! Verwein' nicht vergebens
Die fröhlichen Stunden des traurigen Lebens,
Wenn flatterhaft dich je ein Mädchen vergißt!
Geh', ruf sie zurücke die vorigen Zeiten!
Es küßt sich so süße der Busen der Zweiten,
Als kaum sich der Busen der Ersten geküßt!

I am a foolish boy ...

Außer Behrisch bleibt die Schwester für den jungen
Goethe in den Leipziger Jahren die vertrauteste
Briefpartnerin, die er zur Mitwisserin seiner intimsten
Gedanken macht. Der Student liebt es, mal in deutsch,
dann wieder in französisch, einige Passagen auch in englisch zu verfassen – das geht alles wild durcheinander.
Der Eindruck ist beabsichtigt, er will schon damals als
Genie genommen und verstanden werden, wobei er
sich zutreffend selber als „überspannt" bezeichnet. Einmal liest man die Selbsteinschätzung : „I am a foolish
boy ...", und ein törichter Junge wird er wohl gewesen
sein. Wenige Zeilen darauf beschreibt er sich wiederum
als „so sanftmütig, sanftmütig" („I am as meek, as
meek!"). Über vielfältige Sprachkenntnisse verfügt der
Leipziger Student bereits aus dem Frankfurter Privatun-
terricht, in dem man ihn außer in Latein und Griechisch
in Französisch, Englisch und Italienisch unterwiesen hat.
Oftmals werde er richtig schwermütig, läßt er Cornelia
wissen, und auch dies eine frühe Beobachtung von Melancholie, die ihn sein Leben lang plagen wird. Aber Wolfgang will mitnichten nur Trübsal blasen, er habe „oft
genug auch einen guten Humor, einen sehr guten
Humor", schreibt er ein andermal. Dann suche er „hüb-

Cornelia Goethe, die ein Jahr jüngere Schwester.
Rötelzeichnung von J. L. E. Morgenstern, um 1772.

sche Frauen und Mädchen auf", wobei er die dringliche Bitte hinzufügt, davon nur ja nichts dem Vater zu erzählen! Doch der junge Mann hieße nicht Goethe, wenn er nicht einige Wochen darauf auch diesen Eindruck wieder korrigieren würde. Da er in Wahrheit alle Mädchen zusammengenommen liebt, aber keines von ihnen wirklich, läuft es am Ende darauf hinaus:

> Von kalten Weisen rings umgeben
> Sing ich, was heiße Liebe sei;
> Ich sing' vom süßen Saft der Reben,
> Und Wasser trink ich oft dabei.

Er ist ein junger Mann für jede Stimmung, und diese Stimmungen können häufig abrupt wechseln. Für die Käthchen-Affäre, die seinen dreijährigen Leipziger Studienaufenthalt beherrscht, hält er sich andererseits immer eine Rückzugsposition offen, die er einmal gegenüber Behrisch mit der Bemerkung umschreibt: „Was meinst du . . ., sollte es nicht bloßer Stolz sein, daß sie mich liebt? Es vergnügt sie, einen stolzen Menschen, wie ich bin, an ihrem Fußschemel angekettet zu sehen."

Wie man bei den Versuchen Goethes, sich auf irgendeine Weise an Frauen zu binden, in seinen späteren Lebensjahren entdecken wird, treten gelegentlich Momente der Wahrheit auf, in denen ihm die Unabwendbarkeit des Scheiterns offenbar wird. So äußert er sich mit schöner Klarheit über diesen Zustand in einem Gedicht, das er in seinem letzten Leipziger Semester dem Freunde schickt. Am Schluß lesen wir die auf Käthchen gemünzten Verse:

Wenn in gesellschaftlicher Stunde
Sie einst mit mir von Liebe spricht,
Wünsch ich nur Worte von dem Munde,
Nur Worte – Küsse wünsch' ich nicht.
Welch' ein Verstand, der sie beseelet,
Ihr gutes Herz mit Reiz umgibt!
Sie ist vollkommen! Und sie fehlet
Darin allein, daß sie mich liebt!

Sein erster gutgemeinter Versuch, eine Bindung herzustellen („to feel at home in the world", wie David Luke das nennt), wo er sich doch als so ganz und gar bindungsunfähig erweist, ist fehlgeschlagen. Wenn er kränkelnd, mit einer Geschwulst am Hals und einer Lungenentzündung ins Vaterhaus nach Frankfurt zurückkehrt, scheinen dies nur äußere Symptome einer tiefen Krise gewesen zu sein. Goethe muß operiert werden, und gegen seine schwere Verstopfung wird dem Neunzehnjährigen eine kräftige Portion Glaubersalz verabreicht, die Abhilfe schafft. Man konnte in jener Zeit an derartigen Mißlichkeiten qualvoll zugrundegehen.

Der Student, noch ohne Examen, verbringt nun viele Tage und Wochen im Bett, verschlingt eine Menge Bücher aus der väterlichen Bibliothek und kommt wohl auch häufiger als früher ins Grübeln. Es spinnt sich eine Beziehung zu Susanne von Klettenberg an, einer damals sehr bekannten Vertreterin des Pietismus in Deutschland. Susanne übt auf den Hitzkopf einen beruhigenden Einfluß aus, wie Goethe das zuweilen liebt. Nicht etwa, weil er plötzlich zum Frömmeln aufgelegt scheint. Die humanistischen Ideen und freireligiösen Empfindungen dieser „schönen Seele" aber kommen seinen eigenen Auffassungen in mancher Hinsicht sehr nahe. Entscheidend wird gewesen sein, daß die Klettenberg die Therapie seiner Ärzte unfreiwillig unterstützte. Auch eine kleine Liebelei muß wieder her, eine ganz züchtige freilich, zu der Frankfurterin Charitas Meixner, die der Genesende unter die bürgerliche Maxime einordnete: „. . . ein junger Herr darf nicht ohne ‚Kleine‘ sein".

Seine literarischen Götter sind damals Shakespeare, den man soeben für die deutsche Literatur entdeckte, und dessen erster berühmter Übersetzer Christoph Martin Wieland. Gegen letzteren schreibt er dann schon in wenigen Jahren einen spöttischen Essay, den der wesentlich Ältere, vor allem aber viel Erfolgreichere nicht einmal übelnimmt. Goethe, der sich immer noch auf der Suche nach seiner dichterischen „Bestimmung" befindet und sich eigentlich als Maler und Zeichner sieht, hat sich mit einem dreistrophigen Gedicht („An meine Lieder") von den Erlebnissen und seinen kleinen Versen in Leipzig gewissermaßen „verabschiedet":

Seid, geliebte kleine Lieder,
Zeugen meiner Fröhlichkeit;
Ach, sie kömmt gewiß nicht wieder,
Dieser Tage Frühlingszeit.

Bald entflieht der Freund der Scherze,
Er, dem ich euch sang, mein Freund.
Ach, daß auch vielleicht dies Herze
Bald um meine Liebste weint!

Doch, wenn nach der Trennung Leiden
Einst auf euch ihr Auge blickt,
Dann erinnert sie der Freuden,
Die uns sonst vereint erquickt.

In einem Brief an den Freund Ernst Theodor Langer gibt er schließlich von Frankfurt aus eine ganz andere, jedenfalls höchst prosaische Auskunft über seinen Gemütszustand, der im übrigen sehr gut zu seiner sonstigen Verfassung passen mag: „Meine Herzensangelegenheiten! Was die für eine Tour genommen? Wenn ich es selber wüßte, so wollte ich es Ihnen sagen; aber ich begreife mich selbst nicht. So kalt ruhig, wie man nur am Morgen beim Erwachen nach einer wohldurchschlafnen Nacht sein kann, ist jetzt meine Seele, still, ohne Verlangen, ohne Schmerz, ohne Freude, und ohne Erinnerung."

Willkommen und Abschied

In Straßburg, an dessen Universität Wolfgang sein bis
dahin überwiegend improvisiertes Studium der Rechtswissenschaften vollenden soll, erwartet ihn wiederum ein
Abschied, diesmal ein bedeutend ernsterer als der von
seinem Käthchen in Leipzig. Abermals begegnet unse-
rem Helden eine Situation, von der er sagen möchte, was
er bereits beim Rückblick auf seine Leipziger Jahre er-
kannte: „Wir sind unsre eigne Teufel, wir vertreiben uns
aus unserm Paradiese." Entweder hat er „An Luna", eines
seiner ersten Mondgedichte, aus Frankfurt mitgebracht
oder doch erst in der Fremde geschrieben: Seine Sehnsucht nach Liebe und Erfüllung begleitet den jungen
Mann jedenfalls auf allen seinen Wegen, unerfüllt, wie
man ungesäumt feststellen wird. Ohne bis dahin vielleicht auch nur ein einziges Mieder geöffnet zu haben,
singt Goethe ein Lied zärtlicher Tändelei, das vermutlich
gerade deshalb so traurig-schön klingt:

> Schwester von dem ersten Licht,
> Bild der Zärtlichkeit in Trauer!
> Nebel schwimmt mit Silberschauer
> Um dein reizendes Gesicht;
> Deines leisen Fußes Lauf

Weckt aus tagverschloßnen Höhlen
Traurig abgeschiedne Seelen,
Mich und nächtge Vögel auf.

Forschend übersieht dein Blick
Eine großgemeßne Weite.
Hebe mich an deine Seite!
Gib der Schwärmerei dies Glück!
Und in wollustvoller Ruh
Säh der weitverschlagne Ritter
Durch das gläserne Gegitter
Seines Mädchens Nächten zu.

Des Beschauens holdes Glück
Mildert solcher Ferne Qualen,
Und ich sammle deine Strahlen,
Und ich schärfe meinen Blick;
Hell und heller wird es schon
Um die unverhüllten Glieder,
Und nun zieht sie mich hernieder
Wie dich einst Endymion.

So wie er sich, von dem Straßburger Medizinstudenten
und Tischgenossen Friedrich Leopold Weyland ange-
stiftet, bei den Töchtern des Pfarrers Brion im elsässi-
schen Sesenheim unter der Tarnung eines „Theologie-
Studenten Müller" einführen läßt, so wenig durchschau-
bar sind seine wahren Absichten.

Solches Versteckspiel, zu dem Goethe zeitlebens Zuflucht nimmt, hilft ihm über Verlegenheiten hinweg. Mit
Ängstlichkeiten, ungewollt erkannt zu werden, hat das
nichts zu tun – wie später während seiner Italienreise.

Berühmt ist er ja noch nicht, doch Verkleidung ist ihm eine Lust. „Eine aufkeimende Leidenschaft hat das Schöne, daß, wie sie sich ihres Ursprungs unbewußt ist, sie auch keinen Gedanken eines Endes haben und, wie sie sich froh und heiter fühlt, nicht ahnen kann, daß sie wohl auch Unheil stiften würde", erinnert sich der Alte ein halbes Jahrhundert später.

Er weiß aber im Grunde sogleich, daß Friederike Brion Vergangenheit für ihn sein wird, sobald er das Studium im nahen Straßburg beendet und dem Elsaß den Rücken gekehrt haben wird. Die zitierte Bemerkung in „Dichtung und Wahrheit" will ja sagen, daß vorbei ist, was noch nicht begonnen hat. Der Rest bildet sich zu einer romantischen Vorstellung von einer unerfüllten, weil unerfüllbaren Liebe – ein Schuldgefühl behält der Dichter des „Heideröslein" ein Leben lang:

> Sah ein Knab' ein Röslein stehn,
> Röslein auf der Heiden,
> War so jung und morgenschön,
> Lief er schnell, es nah zu sehn,
> Sahs mit vielen Freuden.
> Röslein, Röslein, Röslein rot,
> Röslein auf der Heiden.
>
> Knabe sprach: Ich breche dich,
> Röslein auf der Heiden!
> Röslein sprach: Ich steche dich,
> Daß du ewig denkst an mich,
> Und ich wills nicht leiden.
> Röslein, Röslein . . .

Und der wilde Knabe brach
's Röslein auf der Heiden.
Röslein wehrte sich und stach,
Half ihm doch kein Weh und Ach,
Mußt es eben leiden.
Röslein, Röslein . . .

Diese Verse sind als die poetische Umschreibung einer Vergewaltigung und Ärgeres gedeutet worden. Als Stachel der Untreue, den der verliebte und zugleich eigensüchtige Fremdling nun sein Lebtag spüren werde, interpretieren andere den Vers „Röslein wehrte sich und stach . . .", wofür einiges sprechen mag, denn es gehört zu den unerfreulichsten Begleiterscheinungen einer erzwungenen sexuellen Vereinigung, daß das Opfer sich nicht erfolgreich zu wehren vermag (. . . und stach!). Friederike mit ihren damals 18 Jahren ist das mittlere von drei Mädchen im Brionschen Hause, einer Hugenottenfamilie, die es in die Straßburger Region verschlagen hat. Ein einziges Porträt von Friederike ist überliefert, ein ovales Köpfchen, überlange kräftige blonde Zöpfe und ein Gesicht, aus dem uns forschende Augen anblicken. Als sie ihm das erstemal entgegentrat, fielen Goethe allerdings zuerst „die niedlichsten Füße" auf, die er bis dahin an einer jungen Frau gesehen haben will.

In seinen Tagebuch-Notizen findet sich der fragmentarische Satz, ebenso dunkel wie anspielungsreich: „. . . der unendliche Ausdruck der Geilheit im Verbiegen und Verschmiegen der ganzen Natur . . ." Für den jungen Dichter bedeutet Geilheit (auch etymologisch abgeleitet) vermutlich „in Gärung befindlich, aufschäumend", anders als im heutigen Sprachgebrauch, da „geil" als „sexuell erregt" verwendet wird.

Es gärt tatsächlich in dem 21jährigen, er wirkt in dieser Zeit auf seine Kommilitonen seltsam unruhig, ziellos und unkonzentriert. Überdies erscheint ihm Friederike, der er sich mit vorsichtigen Gesten zu nähern beginnt („... soviel merk ich an einer gewissen Unruhe, daß ich gerne bei Ihnen sein möchte..."), keineswegs als die einzig Ersehnte, nein, er liebt einmal wieder im Plural. Die Schwestern der Pfarrerstochter werden munter einbezogen in die Phantasien, die immer solche bleiben werden:

> Ich komme bald, ihr goldnen Kinder!
> Vergebens sperret uns der Winter
> In unsre warmen Stuben ein.
> Wir wollen uns zum Feuer setzen
> Und tausendfältig uns ergetzen,
> Uns lieben wie die Engelein.
> Wir wollen kleine Kränzchen winden,
> Wir wollen kleine Sträußchen binden
> Und wie die kleinen Kinder sein.

Kann das die Liebe eines jungen Mannes sein, der begehrt und in diesem Begehren nach Befriedigung verlangt? „Uns lieben wie die Engelein . . ." – es ist aufschlußreich für sein Empfinden, daß der Jüngling eine ätherische Metapher benutzt, eine spirituelle Gestalt der Liebe beschreibt, wo der unbefangene Betrachter geneigt wäre, eher Sex und Sinnlichkeit mit der bevorstehenden Begegnung mit jungen Frauen zu verbinden.

Goethe sehnt sich umgekehrt nach Ruhe, die ihm nicht kommen will, weshalb er am liebsten wieder einmal die

Welt umarmen möchte. Nicht verbindlich festgelegt auf die Eine, vielmehr freischwebend zu lieben ohne etwas zu fordern, erst recht nicht in der bekannten maskulinen Weise, sondern ganz anders. Er weiß ja noch lange nicht, wie er sich selber sehen soll, weshalb er in einem der vielen Briefe an den Freund Johann Daniel Salzmann in Straßburg schreibt, es sei „kein Wunder, wenn ich Mädchen-Natur annehme." (sic!) Seine Selbsterforschung mutet noch immer ausgesprochen verworren und verwirrend an, vor allem wenn er – anders als in Erwartung der Schwestern Brion geheimnisvoll auf eine vielleicht vorübergehende Männerbeziehung anspielend, deren aussichtsloses Verbleiben erfleht wird – dichtet:

> Bleibe, bleibe bei mir,
> Holder Fremdling, süße Liebe,
> Holde, süße Liebe,
> Und verlasse die Seele [sic!] nicht!
> Ach, wie anders, wie schön
> Lebt der Himmel, lebt die Erde.
> Ach wie fühl' ich [sic!], wie fühl ich
> Dieses Leben zum ersten Mal!

Der Dichter spricht in diesen Versen wie von einem neuen Grundgefühl, einer Beseligung, für die man in seinem bisherigen Dasein eine Parallele vergeblich sucht. Man bedenke hierbei, daß das gleich zweimal verwendete „hold" neben gnädig und günstig auch „dienstbar" heißen kann. Und seltsam wiederum, daß Goethe bereits zu Beginn des Jahres 1771 – acht Monate, bevor er die Universitätsstadt für immer verläßt – seinen nahenden Abschied von der angeblich so zärtlich geliebten Friederike im Gedicht vorwegnimmt:

. . .

Dich sah ich, und die milde Freude
Floß von dem süßen Blick auf mich;
Ganz war mein Herz an deiner Seite
Und jeder Atemzug für dich.
Ein rosenfarbnes Frühlingswetter
Umgab das liebliche Gesicht,
Und Zärtlichkeit für mich – ihr Götter!
Ich hofft es, ich verdient es nicht!

Doch ach! Schon mit der Morgensonne
Verengt der Abschied mir das Herz:
In deinen Küssen welche Wonne!
In deinem Auge welcher Schmerz!
Ich ging, du standst und sahst zur Erden
Und sahst mir nach mit nassem Blick:
Und doch, welch Glück, geliebt zu werden!
Und lieben, Götter, welch ein Glück!

Es gibt eine überraschende Parallele zwischen einem
Vers in einer der „Oden an meinen Freund Behrisch", in
dem es heißt: „Du gehst, ich bleibe . . .", und dem Friederike zugedachten Gedicht, worin man am Schluß lesen
kann: „Du gingst, ich stund und sah zur Erde . . ." In der
Endfassung drehte Goethe dann den Vers um und
schrieb – was ja wohl auch den Tatsachen entsprach – :
„Ich ging, du standst und sahst zur Erden . . ." Es bereitete ihm Schwierigkeiten, seine Rolle im Spiel der Beziehungen richtig einzuordnen, oder es mangelte vielmehr an der Bereitschaft, sich in der richtigen Weise zu

seinem Tun zu bekennen. Eine bloße Verwechslung scheidet aus. Im ersten Fall jedoch schienen ihn die Schmerzen des Abschieds zu übermannen, weil er die Nähe (zu Behrisch) vermissen würde. Bei Friederike ist es gerade umgekehrt: Er bekennt sich im Abstand von vielen Jahren zur Wahrheit, denn er hat sie verlassen, und Friederike blieb ratlos zurück. Weshalb er es angeblich nicht „verdiente", geliebt zu werden, läßt der Dichter ausdrücklich offen; andererseits könnte er etwas zu verbergen gehabt haben, das zu offenbaren für ihn und die Mitwelt kompromittierend gewesen wäre. Der junge Goethe hätte vielen jungen Frauen den Kopf verdrehen können, und tatsächlich hat er mit seinem Charme ja auch einige betört. Aber warum hält es ihn dann nicht bei der „Geliebten", mehr noch: Wie kommt es, daß er jeweils schon so bald erkennt, auf dem falschen Wege zu sein, daß Umkehr und Neubeginn gefordert sind? Die vielfach angebotene Version vom Genie, das seinen eigenen Weg gehen müsse, unabhängig von Bindungen persönlicher Art, von Liebe und Treue, gehört zu den abgegriffenen Klischees einer romantischen Literaturdeutung. Goethe selber kennzeichnete seine Sesenheimer Zeit als „peinliche Tage, deren Erinnerung mir nicht geblieben ist". Und über die Reaktionen auf seinen heute noch im Elsaß als „Treubruch" verurteilten Weggang von Straßburg klagte der Alte später: „Die Ursachen eines Mädchens, das sich zurückzieht, scheinen immer gültig, die des Mannes niemals . . ." Ohne freilich den Hintersinn zu entschlüsseln, heißt es dazu in einem Buch des späten 19. Jahrhunderts über Goethes Liebes„affären", er habe das Verhältnis zu Friederike Brion lösen müssen, „wenn er sich selber treu bleiben wollte"(sic!).

Wann mag Goethe sein Anderssein erstmals empfunden haben, wann legt er sich Rechenschaft über sein ambivalentes Sexualempfinden ab? Seine Doppelnatur ist ihm früh bewußt geworden, doch in weiteren, nicht leicht greifbaren Dimensionen. Daß er schließlich Friederike, für die er so viele zärtliche Worte gefunden und mit der er manchmal ganze Wochen in Sesenheim verbracht hat, auf dem Pferd sitzend und ihr dabei die Hand reichend endgültig „Lebwohl" sagt, darf man getrost als symbolische Geste auffassen. In ihm ist keine wirkliche Wärme, kein Verlangen nach dem ebenso schönen wie oft traurigen Mädchen in diesem Augenblick, so wenig wie bei einer der gemeinsamen Lustpartien auf dem Rhein. Als man es sich in einer der Fischerhütten auf den Flußinseln behaglich werden läßt, müssen am Ende die „entsetzlichen Rheinschnaken" dafür herhalten, daß es zu keinen intimeren Berührungen kommt. Es verlangt ihn offenbar auch gar nicht danach. Der angehende Doktor juris habe kein wirklich ernsthaftes Interesse an dem Landkind nehmen können, ist eine nur vorgeschobene Interpretation dieses nicht leicht verständlichen Verhaltens. Goethe selber hat an der Legende gestrickt, und die Idylle, nach der er sich ein Leben lang vergebens sehnte, in „Dichtung und Wahrheit" phantasiereich ausgeschmückt.

Doppelnatur heißt bei ihm auch, daß er das Versteckspiel liebt, um nur so viel von sich preiszugeben, wie im Umgang mit anderen Personen für gewöhnlich notwendig erscheint. Als Jurist weiß Goethe um die Strafbarkeit homosexueller Betätigung, natürlich, und so unterläßt er alles, was in seinem Verhalten darauf hinweisen könnte. In seinen späteren Jahren äußert er unumwunden, daß er die griechische Liebe (also die unter Männern) uneingeschränkt bejaht. Einmal meint er sogar, „die Natur fordert die griechische Liebe vom Manne".

Das Strafrecht seinerzeit spricht in diesem Zusammenhang, sachlich heute nicht mehr zutreffend, von „Sodomiterei", gemeint sind damit sexuelle Handlungen zwischen gleichgeschlechtlichen Personen. Bis über die Mitte des 18. Jahrhunderts hinaus war Homosexualität mit der Todesstrafe bedroht, in Ausnahmefällen wurden Jugendliche verschont. Nach der Säkularisierung des Strafrechts und einer weiteren Milderung einschlägiger Paragraphen wird im preußischen Landrecht von 1794 angeordnet: „Sodomiterei und andere dergleichen unnatürliche Sünden, welche wegen ihrer Abscheulichkeit nicht genannt werden können, erfordern eine gänzliche Vertilgung des Andenkens." Es folgt eine Bestimmung, deren Kenntnis wir bei Goethe voraussetzen dürfen und die ihn zu einem Kunstgriff verleitete, der sehr aufschlußreich sein kann: „Es soll daher ein solcher Verbrecher, nachdem er eine ein- oder mehrjährige Zuchthausstrafe mit Willkommen und Abschied [sic!] ausgestanden hat, aus dem Orte seines Aufenthaltes, wo sein Laster bekannt geworden ist, auf immer verbannt werden." Das Begriffspaar steht strafrechtlich für das Auspeitschen des Delinquenten beim Eintreffen und bei der Entlassung aus dem Zuchthaus. Goethe hat sein Briefgedicht an Friederike, beginnend mit dem Vers „Es schlug mein Herz . . .", erst später bei der Veröffentlichung der ersten Gesamtausgaben seiner Werke mit eben diesen Worten „Willkommen und Abschied" betitelt. Ein Zufall? Sicherlich nicht. Goethe wußte, was er tat, und er wollte uns damit vermutlich ein Zeichen geben.

Eine wunderbare Heiterkeit

Um seine Stellung in der bürgerlichen Welt scheint
der 22jährige viel weniger besorgt als der Vater, der
ihn Ende Mai 1772 nach Wetzlar ans Reichskammergericht schickt. Das ist immer noch eine gute Adresse, taugt
indessen als Karrieresprungbrett auch nicht mehr viel.
Goethe plagen, wie so oft, seelische Turbulenzen, und
um von denen erlöst zu werden, willigt er wieder einmal
in einen Ortswechsel ein. Bei Gericht trägt er sich als
Praktikant ein, womit seine amtliche Tätigkeit einsetzt
und zugleich beendet ist. „Es erben Recht sich und Gesetze wie eine ew'ge Krankheit fort", läßt er später Mephisto den fahrenden Scholaren belehren. Und das wird
eine der wenigen Erkenntnisse gewesen sein, die der
Frankfurter Rechtsanwalt aus der in den altehrwürdigen
Gerichtssälen gesprochenen oder zu Papier gebrachten
Rechtsprechung mit nach Hause nimmt.

Der um acht Jahre ältere Legationssekretär Johann
Christian Kestner, den er schnell zum Freunde gewinnt,
findet umgehend heraus, daß es dem „einzigen Sohn
eines sehr reichen Vaters" um absolut gerichtsfremde
Dinge zu tun ist, als da sind: „Homer, Pindar und andere zu studieren, und was sein Genie, seine Denkungsart
und sein Herz ihm weiter für Beschäftigungen eingeben
würden". Kestner liefert auch die in dieser Zeit vermut-

lich treffendste Beschreibung des jungen Goethe, dem er neben anderen, im Wortsinne „merkwürdigen" Eigenschaften „außerordentlich lebhafte Einbildungskraft" bescheinigt, auch sei ihm „aller Zwang verhaßt". Der kühl, doch nicht ohne Teilnahme beobachtende Kestner hält den Neuankömmling für „bizarr" und „in allen Affekten heftig", zugleich für vorurteilsfrei, doch: „In seinem Betragen, seinem Äußerlichen [habe er] Verschiedenes, das ihn unangenehm machen könnte". Überraschend zunächst, aber dann auch wieder verständlich die Bemerkung des neuen Freundes, Goethe habe „für das weibliche Geschlecht sehr viele Hochachtung". In Goethes einzigem Briefroman, „Die Leiden des jungen Werthers", der aus dem Wetzlar-Erlebnis hervorgeht, wird das Liebesmotiv statt dessen mit großem Pathos und Emphase, mitnichten aber gesellschaftlich-konventionell (man beachte Kestners Ausdruck „sehr viele Hochachtung"!) behandelt. Diesen Gegensatz berücksichtigend, wird man die häufigen Begegnungen zwischen Goethe und Charlotte Buff, die seit vier Jahren mit dem ebenso korrekt auftretenden wie tüchtigen Juristen Kestner verlobt ist, in milderem Lichte sehen dürfen.

Der dreimonatige Wetzlar-Aufenthalt mag Goethe innerlich aufgewühlt haben, für ein Seelen-Drama bot er freilich zu wenig Stoff. Die Dichtung, die sich gleichwohl darauf beruft, ist ein ganz anderer Fall. Nachdem er sich „verliebt" hat und sich schon bald der Aussichtslosigkeit seiner Leidenschaft, an die man so recht nicht glauben will, bewußt wird, naht mit Behutsamkeit auch hier wiederum das sanfte Ende eines langen Tages. Es bedarf lediglich einiger taktvoller Hinweise des respektierten älteren Freundes Johann Heinrich Merck aus Darmstadt, von weiteren Versuchen, Charlotte zu bedrängen, abzulassen. Für den Meister der Verstellung und Selbstdramatisierung reicht die schon halb und halb kanonisierte Verbindung der „Geliebten" mit einem anderen Manne als Vorwand für einen eleganten Abschied, so völlig anders als er im „Werther" beschrieben wird. Diese Liebe trägt von Anfang an romanhafte Züge, und sie war auf Nichtgelingen angelegt. Übrigens allen Herzensergießungen des verhinderten Praktikanten zum Trotz!

Seine Liebe zu Charlotte, folgt man der Chronik der laufenden Ereignisse, nimmt nämlich erst zu dem Zeitpunkt ekstatische Formen an, zu dem er vom Heiratsversprechen zwischen Kestner und seiner Charlotte erfährt. Damit ist das Ende vorgezeichnet, und der Schmerz der Entsagung effektvoll zu inszenieren. Die Zeit dafür ist freilich noch nicht gekommen. Beinahe erleichtert verläßt Goethe die Kleinstadt, die für seinen frühen Ruhm zur Ikone werden sollte: „. . . und ich, liebe Lotte, bin glücklich, daß ich in Ihren Augen lese, Sie glauben, ich werde mich nie verändern", lautet der letzte Satz in einem für Charlotte Buff bestimmten Abschiedsbrief.

Nichts konnte in seinen späteren Lebensjahren Goethe ärger verdrießen als Fragen neugieriger Leser, „was denn an der Geschichte des armen Werther wahr gewesen sei?" Das pantheistische (naturgläubige) Weltbild, das der Dichter in einigen Briefen, vor allem in dem vom 10. Mai entwirft, ist geblieben, und das ist seine Wahrheit. Nicht das Liebesabenteuer, glücklich-unglücklich, im Stile der Empfindsamkeit poetisch überhöht, bildet den Hauptgegenstand von „Werthers Leiden", sondern ein anderes, das nur Goethe auszudrücken vermochte:

Der vierundzwanzigjährige Goethe.
Ölporträt von Johann Daniel Bager, 1773.

„Eine wunderbare Heiterkeit hat meine ganze Seele ein-
genommen, gleich den süßen Frühlingsmorgen, die ich
mit ganzem Herzen genieße. Ich bin allein [*sic!*] und freue
mich meines Lebens in dieser Gegend, die für solche Seelen geschaffen ist wie die meine. Ich bin so glücklich . .
., so ganz in dem Gefühle von ruhigem Dasein versun-
ken, daß meine Kunst darunter leidet. Ich könnte jetzt
nicht zeichnen, nicht einen Strich, und bin nie ein größerer Maler gewesen als in diesen Augenblicken. Wenn das
liebe Tal um mich dampft und die hohe Sonne an der
Oberfläche der undurchdringlichen Finsternis meines
Waldes ruht und nur einzelne Strahlen sich in das innere Heiligtum stehlen, ich dann im hohen Grase am fal-
lenden Bache liege und näher an der Erde tausend mannigfaltige Gräschen mir merkwürdig werden; wenn ich
das Wimmeln der kleinen Welt zwischen Halmen, die
unzähligen unergründlichen Gestalten der Würmchen,
der Mückchen näher an meinem Herzen fühle und fühle
die Gegenwart des Allmächtigen, der uns nach seinem
Bilde schuf, das Wehen des Allliebenden, der uns in ewi-
ger Wonne schwebend trägt und erhält; . . . wenn's dann
um meine Augen dämmert und die Welt um mich her
und der Himmel ganz in meiner Seele ruhn wie die Gestalt einer Geliebten, dann sehne ich mich oft und denke:
Ach, könntest du dem Papiere das einhauchen, was so
voll, so warm in dir lebt, daß es würde der Spiegel deiner
Seele, wie deine Seele ist der Spiegel des unendlichen
Gottes! . . .“

Es ist ein Sehnen nach einem körperlosen Objekt, nach
keinem bestimmten Wesen, ein Sehnen an sich: „. . . dann
sehne ich mich oft . . .“ Wonach? Im „Werther“ verrät
uns Goethe, daß es seinem unglücklichen Helden um die

Befreiung im Unendlichen zu tun ist, und daß es für ihn keinen Ausweg als den Freitod gibt. Da er für sich selbst nicht ernsthaft den Gedanken an Selbstmord als Konsequenz einer unglücklichen Liebe erwogen hat, zögert Goethe mit der Konzeption des Briefromans, bis er verläßliche Nachricht vom Selbstmord des hoffnungslos in eine verheiratete Frau verliebten Attachés Karl Wilhelm Jerusalem erhält. Darüber vergehen zwei Jahre. Als er zwischenzeitlich die sich als falsch erweisende Nachricht vom Selbstmord des braunschweigischen Legationssekretärs August Siegfried von Goué erhält, reagiert er in einem Brief an Kestner, von dem die Mitteilung stammte, noch in zynisch-derbem Ton: „. . . ich ehre auch solche Tat und bejammere die Menschheit und laß alle Scheißkerle von Philistern Tobakrauchsbetrachtungen drüber machen . . . Ich hoffe nie meinen Freunden mit einer solchen Nachricht beschwerlich zu werden."

Auch diese Zeilen wollen sich in das Bild der angeblich herzzerreißenden Wetzlarer Liebestragödie überhaupt nicht einfügen.

Gegenstand deiner Liebe –
„*Fritz*"

Nach mehreren gescheiterten Versuchen, den Beziehungen zu jungen Frauen eine gewisse Dauer zu verleihen, scheint der Stürmer und Dränger geneigt, diese ganz aufzugeben. Als solcher profiliert sich Goethe in jenen Jahren ohnehin vornehmlich in der Literatur.

Da trifft es sich gut, daß er im Sommer 1774, den „Werther" hat er bereits geschrieben, aber noch ist er nicht publiziert, bei einem Ritt nach Elberfeld im Bergischen Land dem Philosophen Friedrich Heinrich Jacobi begegnet. Das Zusammentreffen wird zum Höhepunkt der in Begleitung von Lavater aus Zürich und dem Dessauer Pädagogen Johann Bernhard Basedow unternommenen Reise an den Rhein. Jacobi, zunächst Kaufmann in Düsseldorf, seit 1772 Mitglied der Hofkammer von Jülich-Berg, ist bereits als Schriftsteller mit weitverzweigten Kontakten in Deutschland hervorgetreten. Als Geistesmann entschiedener Gegner der Aufklärung, hat sich der Besitzer eines Gutes in Pempelfort (heute eines der vornehmen Wohnviertel in Düsseldorf) einer aus Gefühlsseligkeit und Kunstschwärmerei bestehenden Lebensphilosophie verschrieben. Goethe hat zwar für diese Form eines romantisierenden Irrationalismus wenig

Friedrich Heinrich Jacobi.
Kupferstich von Ernst Thelott, undatiert.
Archiv für Kunst und Geschichte.

übrig, selbst wenn er von seiner späteren klassizistischen Formstrenge noch weit entrückt schien. Jacobi jedenfalls stand Männern wie Herder und Wieland näher, mit denen Goethe künstlerisch immer weniger zu schaffen hatte. Die Literatur- und allgemeine Kunstauffassung können es folglich nicht gewesen sein, die den 25jährigen so rasch und dann so nachhaltig an den sechs Jahre älteren Philosophen fesselte. Goethe scheint Jacobi nach bekanntem Muster seiner Vorgänger bald restlos verfallen. Dieser galt als der schönste Mann, dem Goethe je nähergetreten ist. Es war Liebe auf den berühmten ersten Blick, eine Geistesverwandtschaft scheidet aus. Mit entwaffnender Offenheit gibt Goethe nach dem ersten Treffen mit Jacobi in einem Brief an dessen Frau die Empfindungen preis, die ihn an die Seite von „Fritz" treiben. Das aufkeimende Verlangen nach dem Manne Jacobi wird unüberhörbar. So äußert sich nur einer, der in diesen Augenblicken nichts zu riskieren glaubt, der tun muß, was sich nicht ändern läßt:

„Ihr Fritz, Betty, mein Fritz, Sie triumphieren, Betty, und ich hatte geschworen, ihn nie zu nennen vor seinen Lieben, bis ich ihn nennen könnte, wie ich ihn zu nennen glaubte, und nun nenne ... Wie schön, wie herrlich, dass Sie nicht in Düsseldorf waren, dass ich tat, was mich das einfältige Herz hieß. Nicht eingeführt, marschalliert, exküsiert; grad herab vom Himmel gefallen vor Fritz Jacobi hin! Und er und ich und ich und er! Und waren schon, eh schon ein schwesterlicher Blick drein präliminiert hatte, was wir sein sollten und konnten ..."

Nach ihrem ersten Zusammensein schreibt Fritz „seinem" Goethe, und dieser antwortet hocherregt, dem Himmel für seine Neuentdeckung überschwenglich dankend, mit einem leidenschaftlichen Brief (am 21. August 1774):

„Ich träume, lieber Fritz, den Augenblick, habe deinen Brief und schwebe um dich. Du hast gefühlt, daß es mir Wonne war, Gegenstand deiner Liebe zu sein. O, das ist herrlich, daß jeder glaubt, mehr vom andern zu empfangen als er gibt! O Liebe, Liebe! Die Armut des Reichtums, und welche Kraft wirkts in mich, da ich im andern alles umarme, was mir fehlt und ihm noch dazu schenke, was ich habe . . . Gute Nacht. Ich schwebe im Rauschtaumel, nicht im Wogensturm, doch ists nicht eins, was uns an Stein schmettert? Wohl denen, die Tränen haben! Ein Wort! Laß meine Briefe nicht sehen! Versteh! Erklärung darüber nächstens, wenns braucht!"

Das geht in diesem Ton so weiter, steigert sich noch und gewinnt zunehmend Offenbarungscharakter, bei Goethe wie Jacobi gleichermaßen. So antwortet Fritz umgehend, mit einer nicht endenwollenden Epistel, angefüllt mit Naturschwärmerei und Liebeseligkeit:

„. . . Bisher habe ich deines Briefleins . . . noch mit keiner Silbe erwähnt. Ich erhielts gestern morgen; wollt dir gleich antworten, konnt nicht vor lauter Fülle und mächtigem Wesen in mir. Ging auf und nieder den ganzen Morgen, dir allein meine ganze Seele, drinnen zu walten und zu schalten nach Wohlgefallen. Wie du in mir wirkst so gewaltig! – Du hast wohl nie dergleichen erfahren. Tue ferner Gutes und Großes, auch um dein selbst willen, damit du nicht dereinst zu seufzen habest: ‚Barden werden von meinem Namen erzählen; die Steine werden von mir reden: aber du, du bist in der Tat danieder. – Bald wird dein Grabmal bedeckt werden, und das Gras geil auf deinem Grabe emporwachsen. Die Söhne der Schwachen werden darüber hingehen und nicht wissen, dass ein Mächtiger dort liege' . . . Tausend Dank und einen Kuss, Lieber . . ."

Im Jahr seiner Verlobung mit Lili Schönemann – 1775 – setzt sich die Beziehung ungeschmälert fort. Während Goethe sich mit den schriftstellerischen Hervorbringungen des Freundes kaum ernsthaft auseinandersetzt, hält er ihm ansonsten die Treue. Jacobis schwärmerischen Briefroman „Woldemar" kann der Jüngere nicht anders als mit ätzendem Spott zu übergießen, wohl auch, weil er in ihm nur eine kläglich mißlungene „Werther"-Kopie erblicken mag.

In dieser Beziehung treten erstmals Motive in Erscheinung, die mit dem im Zeitalter der Empfindsamkeit herrschenden Männer- und Literatenkult nichts gemein haben. Goethes latente Homosexualität ist hierbei kaum geeignet, ihn und den Freund glücklicher zu machen, zuweilen breitet sich schon die Wehmut des Abschieds über den beiden aus: „. . . sagen kann ich dir nichts", schreibt er im März 1775 an Jacobi, „denn was läßt sich sagen. Will auch nicht an morgen und übermorgen denken, drum Ade! . . . Bleib' bei mir, lieber Fritz – mir ist, als wenn ich auf Schlittschuhen zum erstenmal allein liefe und dummelte auf dem Pfade des Lebens, und sollte schon um die Wette laufen und das wohin all meine Seele strebt . . ." In einem anderen Brief erwähnt er wie beiläufig, mit melancholischer Koketterie, daß er „für die Mädchen Dramas, Lieder, allerley" habe. Sie sollen ihm schreiben, „wenn ich auch tot scheine".

Bis zu zehn Seiten lang können die zwischen Weimar und dem Düsseldorfer Landgut Pempelfort hin- und hergehenden Seelenergüsse ausfallen, niemals hat er ausführlicher und rückhaltloser geschrieben als an Jacobis Adresse: „Lebe wohl und liebe mich wie von jeher" lautet zumeist die Schlußformel. Zuweilen verabschiedet er sich auch überaus zärtlich mit „Lebe wohl du Lieber", und bemerkt im Freunde „das Beste und Liebste" zu haben. Es ist die Sprache, die in jener Zeit nur liebende Paare verwenden.

Es scheint, daß er nie mit der Beziehung zu diesem in so gänzlich andere Richtungen denkenden und künstlerisch tätigen Manne zu einem Ende kommen würde, selbst nach bald einem Jahrzehnt nicht: „Von meiner Lage darf ich nichts melden. Auch hier bleibe ich meinem alten Schicksale geweiht und leide, wo andere genießen, genieße wo sie leiden. Ich habe unsäglich ausgestanden, und freue mich herzlich, dass du mit Vertrauen nach mir hinsiehst . . . Wenn du eine glühende Masse Eisen auf dem Herde siehst, so denkst du nicht, dass soviel Schlacken drin stecken als sich offenbaren, wenn es unter den großen Hammer kommt. Dann scheidet sich der Unrat, den das Feuer selbst nicht absonderte, und flieht und stiebt in glühenden Tropfen und Funken davon, und das gediegne Erz bleibt dem Arbeiter in der Zange. Es scheint, als wenn es eines so gewaltigen Hammers bedurft habe, um meine Natur von den vielen Schlacken zu befreien, und mein Herz gediegen zu machen. Und wieviel, wieviel Unrat weiß sich auch noch da zu verstecken . . ." Nach bald zwanzig Jahren kommt Goethe dann in einem Brief an den geliebten Freund, nach schwerem Streit um den verachteten „Woldemar", tiefen Kränkungen einer empfindsamen Seele und schmerzlich-schöner Versöhnung im Austausch verzeihender Worte zu der schlußendlichen Erkenntnis: „Man lernt nichts kennen, als was man liebt, und je tiefer und vollständiger die Kenntnis werden soll, desto stärker, kräftiger und lebendiger muß Liebe, ja Leidenschaft sein."

Als Jacobi fast vier Jahrzehnte später davon hört, daß der große Freund an seinen Memoiren schreibt, bittet er ihn brieflich, sich ihrer engen Beziehung zu erinnern und diese bei der Niederschrift von „Dichtung und Wahrheit" zu berücksichtigen. „Fritz" hofft, daß Goethe der schönen Tage auf Schloß Bensberg gedenken werde, „wo du über Spinoza, mir so unvergeßlich, sprachst . . ." Welche Einzelheiten Jacobi nach so langer Zeit noch gegenwärtig sind, eine Epoche ist unterdessen dahingegangen! Er wird erinnerungsselig, weil die Eindrücke ihm unauslöschlich in die Seele gebrannt scheinen:

„. . . wo wir über dem Siebengebirg den Mond heraufsteigen sahen, wo du in der Dämmerung auf dem Tische sitzend uns die Romanze: Es war ein Buhle frech genug – und andere hersagtest . . . Welche Stunden! Welche Tage!" Und am Schluß des Briefes kommt „Fritz" dann augenscheinlich zu dem Erlebnis, das seinem Dasein eine Wende gab: „Um Mitternacht suchtest du mich noch im Dunkeln auf – Mir wurde wie eine neue Seele. Von dem Augenblick an konnte ich dich nicht mehr lassen." Es scheint unabweisbar, daß die beiden Freunde bei dieser Gelegenheit einander sehr, sehr nahe gekommen sind. Es handelt sich hier um einen unzweideutig dokumentierten Beweis, daß Goethe zu mehr als nur einem homoerotischen Lippenbekenntnis bereit war. „Mir wurde wie eine neue Seele", hatte Jacobi sich ausgedrückt, poetische Umschreibung dafür, daß ihn der Freund „veränderte". Goethe hat nach manchem Zechgelage am Hof oder in den thüringischen Jagdhütten wohl auch mit dem jugendlichen Carl August das Nachtlager geteilt. Von Liebe ist dabei freilich weder die Rede noch die Übung gewesen. Carl August war Jäger und Draufgänger, und dies nicht nur in den Wäldern und Auen, sondern vor allem unter den Damen des Hofes und des Theaters, Ausweis zweifelsfreier und voll ausgelebter Heterosexualität.

Es mag sein, daß in der Epoche der Empfindsamkeit der Männerkult oft seltsame Blüten trieb. Wenn Männer Gefühle tief empfundener Freundschaft füreinander hegten, scheuten sie oft nicht, ihnen angemessene Namen zu geben. Das heißt: Man sagte sich Dinge, die heute in vergleichbaren, konventionellen Situationen unterdrückt werden oder nur in den heterosexuellen Beziehungen Ausdruck finden. Ein Vergleich zwischen der Wortwahl aber, die Goethe in Briefen an Frauen bevorzugt, im Unterschied zu Briefen an Männer (etwa Fritz Jacobi), belegt in überzeugender Weise, daß er im ersten Falle nicht so sehr mit dem Herzen, allenfalls mit dem Verstande bei der Sache ist, und es im zweiten Falle umgekehrt hält.

Zwei Beispiele mögen dies verdeutlichen. So schrieb Goethe an Charlotte vom Stein (29. Januar 1776):

„Liebe Frau. Um fünf seh ich Sie, kann Ihnen jetzt nichts von mir sagen. Auf der Galerie war mirs wunderlich, habe nachher allerlei Schicksale ausgestanden. Vielleicht mach ich mir auch weis, daß ich sehe, wenns Tag ist, daß ich mich wärme an der Hitze, und friere am Frost. Es kann all Grille sein – genug, vor der Hand ist mirs so, wenn mirs anders wird, wird sichs zeigen. Sollst mich auch ein bißchen lieb haben."

In diesen Zeilen kommt nur geringe Anteilnahme zum Vorschein, wenn überhaupt. Sie sind – mit Einschränkung - charakteristisch für die Form, welche die Frau von Stein und ihr sogenannter Geliebter für den Umgang miteinander gewählt haben. Nicht immer fällt der Ton so beiläufig aus, doch niemals „schwebte" der Briefschreiber um „sie", wie er, im Falle Jacobi, um „ihn" schwebte. Auch dem widerspenstigsten Skeptiker wird hierbei aufgehen, daß der eine Brief als Liebeserklärung und der andere als leidenschaftslose Mitteilung gelesen werden muß.

Ein zweites Beispiel:

Ein Jahr nach Aufnahme der Korrespondenz zwischen Goethe und Jacobi, man darf wohl sagen: stammelt der künftige „Verlobte" von Elisabeth („Lili") Schönemann folgende verworrene Zeilen aufs Papier:

„Herzlich bin - lieber Engel, bist du mein? - Ach warum bin ich nicht immer sogleich bei - lieber Engel - Ach wie möcht ich zu deinen Wolken steil - Wo sie streben und durcheinander gleiten. Wo sie drängen und durcheinander wandern . . ."

Der Brief blieb Entwurf und wurde nicht auf die Post gegeben, man versteht im nachhinein, warum. Die Vermutung liegt nahe, daß der Briefschreiber sich hier wie dort (bei der Frau von Stein) über seine Gefühle - vorsichtig ausgedrückt - im Unklaren befand. Bei Jacobi wiederum weiß der Leser, woran er ist, im ersten wie im zweiten der zitierten Briefe. Vor allem, wenn er am Ende des ersten Briefes erfährt, daß kein anderer als der Adressat die Zeilen lesen dürfe.

Neue Liebe, neues Leben

Anna Elisabeth Schönemann, Tochter eines Frankfurter Bankiers und Handelskaufmanns, gerade 16 Jahre alt und doch schon eine junge Dame, in allem erkennbar aus guter Familie, zieht die Aufmerksamkeit des leicht entflammbaren, noch nicht 26jährigen Goethe auf sich. Im Hause ihrer verwitweten Mutter lernt der inzwischen durch den „Werther" über Nacht berühmt gewordene Autor „Lili", wie er sie alsbald nennt, kennen. Die Zuneigung wächst aus Umständen heraus, die dem jungen Genie bis dahin fremd gewesen sind. Er besucht das Schönemann-Haus nun öfter und dann regelmäßig, wo er „von ein Paar schönen Augen am Spieltische gehalten wird . . . und mit allem Interesse des Leichtsinns einer niedlichen Blondine den Hof macht".

Wir bemerken umgehend: Der Verliebte unternimmt einen neuen Anlauf, seine „Normalität" sich und der Mitwelt unter Beweis zu stellen. Lili ist eine Gesellschaftsdame, in deren Nähe man eigentlich kaum von Leichtsinn sprechen würde, es sei denn, man heißt Goethe und weiß wieder einmal nicht, wohin die Reise gehen soll. Die Schönemann weiß sich zu präsentieren, scheint bald heiratsfähig zu sein, und Goethe selbst allem Anschein nach nun doch entschlossen, auf ein solches Ansinnen einzugehen - aber wie? Erstmals ringt er sich zu einigen Zugeständnissen an herrschende Sitte und gesellschaftliche Konvention durch: Zur Ostermesse wird Verlobung gefeiert, nicht übertrieben festlich, denn die besseren Tage des Hauses Schönemann scheinen dahingegangen. Im Gedicht drückt er klarer aus, als er es wohl sonst sagen könnte (Briefe sind nicht überliefert), was ihn an und durch Lili bewegt. Er weiß immerhin, daß sie „neue Liebe, neues Leben" für ihn bedeutet. Das Bemerkenswerte aber sind wiederum die Fragen, die er an sich selber richtet:

Herz, mein Herz, was soll das geben?
Was bedränget dich so sehr?
Welch ein fremdes, neues Leben!
Ich erkenne dich nicht mehr.
Weg ist alles, was du liebtest,
Weg, warum du dich betrübtest,
Weg dein Fleiß und deine Ruh –
Ach, wie kamst du nur dazu!

Fesselt dich die Jugendblüte,
Diese liebliche Gestalt,
Dieser Blick voll Treu und Güte
Mit unendlicher Gewalt?
Will ich rasch mich ihr entziehen,
Mich ermannen, ihr entfliehen,
Führet mich im Augenblick
Ach, mein Weg zu ihr zurück.

Und an diesem Zauberfädchen,
Das sich nicht zerreißen läßt,
Hält das liebe, lose Mädchen
Mich so wider Willen fest;
Muß in ihrem Zauberkreise
Leben nun auf ihre Weise.
Die Verändrung, ach, wie groß!
Liebe, Liebe laß mich los!

„Mich so wider Willen fest" – er will also nicht, kann aber doch nicht anders. Ja, wie kam er nur dazu? Ein „Zauberfädchen" hält ihn, „das sich nicht zerreißen läßt". Er dürfte folglich versucht haben, es zu kappen. Liebe als ein zärtliches Duell, das die Liebenden miteinander austragen. Um nicht zum Verlierer gestempelt zu werden, stellt er sich ohne Vorankündigung kampfunfähig. Während einer Reise in die Schweiz kritzelt er beim Anblick des Zürich-Sees statt einer Tagebucheintragung mit dem Bleistift folgende Zeilen aufs Papier, Zweifel und Bejahung auf engstem Raum verbindend:

Wenn ich liebe Lili dich nicht liebte,
Welche Wonne gäb mir dieser Blick!
Und doch wenn ich Lili dich nicht liebte,
Wär', was wär' mein Glück.

In einem zweiten Dasein hinter der für alle sichtbaren Fassade findet Goethe in der Schwester seiner Freunde, der Brüder Stolberg, in dieser Zeit eine Briefpartnerin der außergewöhnlichsten Art. Auguste von Stolberg, in die Literaturgeschichte eingegangen als „Gustgen", die er „Schwester" nennt, oder wohl auch „Liebes", wird für einige Monate seine engste Vertraute. Diese Frau hat er niemals zu Gesicht bekommen, und ihr doch einige der schönsten seiner vielen tausend Briefe geschrieben.

Dem Gustgen gestattet er tiefe Blicke in seine Innenwelt, während er mit Lili Stunden in anödender Gesellschaft verbringen muß, wo er „die oft unerträglichen Gesichter" um sich weiß – das Ende einer Liebe liegt auch hier wieder im Anfang beschlossen. Einmal geht ein unüberhörbarer Aufschrei nach Befreiung und sexueller Entkrampfung durch seine Zeilen: „O Gustgen", schreibt er in einem seiner bewegendsten Briefe des schicksalsschweren Jahres 1775, das den Wechsel nach Weimar und damit den Beginn eines von Grund auf anderen Lebens bringen wird, „Wird mein Herz endlich einmal in ergreifendem wahren Genuss und Leiden die Seligkeit, die Menschen gegönnt ward, empfinden, und nicht immer auf den Wogen der Einbildungskraft und überspannten Sinnlichkeit, Himmel auf und Höllen ab getrieben werden . . ." Aber wie ist das denn mit der geliebten Lili? Ja, er träumt nur, wie er es im Gedicht ausdrückt,

Von vollen goldnen Stunden
Ungemischter Lust;
Ahndungsvoll hatt ich dein Bild empfunden
Tief in meiner Brust.

Doch muß ihn wohl die „Einbildungskraft" genarrt haben, „überspannte Sinnlichkeit" oder Schlimmeres. Lili selbst lag wohl nicht in seinen Armen. Trotzdem glaubt er im Alter festhalten zu können: „Sie [Lili] war in der Tat die erste, die ich tief und wahrhaft liebte. Auch kann ich sagen, daß sie die letzte gewesen ist . . ." Was ihn darin so sicher sein ließ, darüber müssen wir nicht länger rätseln. Daß er mit diesem Wort über seine Beziehung zu Elisabeth Schönemann zugleich ein vernichtendes Urteil über alle vorausgegangenen und folgenden Beziehungen zu Frauen spricht, soll indes an dieser Stelle festgehalten sein.

Im Leben unserer Dichter ließen sich wohl nur wenige Parallelen zum Verhalten des jungen Goethe finden. So wie er kurz vor seiner Verlobung mit Elisabeth Schönemann an „Gustgen" sich noch den Stoßseufzer abringt: „Halten Sie einen armen Jungen am Herzen". Und das bestürzende Bekenntnis, gleichfalls dem „lieben Gustgen" anvertraut: „O wenn ich jetzt nicht Dramas schriebe, ich ging zu Grund."

Gustgen erfährt wohl als erste, daß die Liebe zu Lili zum Scheitern verurteilt ist. Doch wie soll man das nennen? Wenn einer sich anschickt, seine Verlobung zu lösen, von der angeblich einzig Geliebten, indem er dies der „teuern Ungenannten" (Gustgen) brieflich mitteilt, nein mehr noch: indirekt deren Einwilligung, Verständnis und Zustimmung erfleht: „Lili heut nach Tisch gesehn – in der Comödie gesehn. Hab kein Wort mit ihr zu reden gehabt – auch nichts geredt! – Wär ich das los. O Gustgen – und doch zittr' ich vor dem Augenblick, da sie mir gleichgültig, ich hoffnungslos werden könnte. – Aber ich bleib meinem Herzen treu, und laß es gehn . . ." Er zittert einmal wieder, wenn er sich die Geliebte vorstellt, wie im „Werther", wo es einmal heißt: „Diese Nacht, Wilhelm, ich zittre es zu sagen, hielt ich sie in meinen Armen und bedeckte ihren Mund mit unendlichen Küssen . . ."

64

Dieses Zittern muß ein Seelenforscher uns erklären, Goethe vermag oder will es nicht.

Es scheint, daß Lili, die geliebte Person, von all dem offenbar nichts bemerkt hat. Ihre Briefe an den Verlobten kennen wir nicht, sollte sie überhaupt welche geschrieben haben. Auf einem Porträt, das sieben Jahre nach ihrer „Affäre" mit dem unruhigen Genie entstand, ist sie mit ihrer eleganten hohen Frisur ganz Dame ihrer Zeit, vornehm, schön und selbstsicher, unterdessen eine erwachsene Frau und verheiratete Elisabeth von Türckheim. Goethe nennt den „Umgang mit Frauen . . . das Element guter Sitten", und das mag vorzüglich auf seine zwiespältige, erwartungsgemäß unerfüllte Liebe zu Lili Schönemann zutreffen. Da, wo für ihn die Aussicht auf Erfüllung versperrt scheint, rettet sich der Selbsttherapeut, zu dem Goethe auch in Liebesdingen sich entwickelt, in die platte Konvention.

Doch schon wenige Wochen, nachdem er sich von Lili endgültig getrennt hat, liebt er nach allen Seiten zugleich, ohne Erwiderung zu erbitten oder auch nur zu erhoffen. An „Gustgens" Bruder Friedrich Leopold schreibt er – der gemeinsamen Schweizer Reise im Sommer gedenkend – aufgewühlt und liebesselig: „Ich fühl einen Drang, Bruder, dir zu schreiben in diesem Augenblick, daß ich so weit so weit von dir . . . entfernt bin, schwebend im unendlich heiligen Ozean unsers Vaters des unergreiflichen, aber des berührlichen! O Bruder! Nennbare, aber unendliche Gefühle durchwühlen mich – und wie ich dich liebe, fühlst du, da ich unter allen Lieben in dem Augenblick dein gedenke."

Mißverständnisse unter Brüdern

An diesem Punkt der Entwicklung von Goethes vita erotica ist es angezeigt, auf einige Begegnungen mit Männern, die zu innigen Freundschaften reiften, näher einzugehen. Wenn er in Frankfurt, um Lili und ihre Umgebung zu beeindrucken, nun mehr als sonst leichten Vergnügungen nachging, so kommt darin auch etwas Gezwungenes, eine Art von Demonstration zum Vorschein, die Rückschlüsse auf sein Innenleben zuläßt. „Goethe ist jetzt lustig, geht auf Bälle und tanzt wie rasend! Macht den Galan beim schönen Geschlecht, das war er ansonsten nicht!"

„Das war er ansonsten nicht" – wie recht der Briefschreiber hat! Lilis Verlobter will andererseits allen zeigen, daß er glücklich sei, obwohl es sein Schicksal gewesen ist, unglücklich-einsam zu bleiben, „bei unendlichem Bedürfnis nach Nähe" (Richard Friedenthal). Von Ernst Wolfgang Behrisch, dem Gefährten seiner Leipziger Studentenzeit, ist in diesen Wochen und Monaten nun kaum mehr die Rede – vergessen ist er freilich nicht. Auch nicht, daß er wegen ungebührlichen Auftretens und (angeblich) lasterhaften Lebenswandels bei seinem Landesherrn in Verruf geriet und fliehen mußte. Es ließen sich mancherlei Spekulationen daran knüpfen.

Tatsache ist jedenfalls, daß Goethe die Behrisch gewidmeten „Oden an meinen Freund" zu Lebzeiten nicht zum Drucke zugelassen hat, sie wurden posthum veröffentlicht.

Der Umgang mit Frauen, wiewohl eine seiner geselligen Übungen, darf nicht als dominierendes Element betrachtet werden. Eigentlich nahmen Männer stets den ersten Platz in seinem Denken und Empfinden ein. Von Daniel Salzmann in Straßburg war bereits die Rede, von Johann Gottfried Herder, der sein Mentor auf dem Wege zum Dichter wurde, auch von Johann Caspar Lavater und – natürlich – von Friedrich Heinrich Jacobi. Noch nicht von Friedrich Maximilian Klinger, dem er großzügig einige seiner Originalmanuskripte schenkte, die dieser unautorisiert drucken ließ, womit er teilweise sein Jura-Studium finanzieren konnte. Klinger, der dem „Sturm und Drang" mit einem so betitelten Bühnenstück den Namen gab, folgte Goethe nach Weimar. Desgleichen Jakob Michael Reinhold Lenz, der in Königsberg Theologie studiert hatte und 1771 mit Goethe in Straßburg zusammengetroffen war. Auch er folgte dem geliebten Freund nach Weimar, ohne Aussicht, dort Karriere zu machen, im Gepäck ein Manuskript „Unsere Ehe", das verschollen ist. In ihm soll der unglückliche Lenz seine Beziehung zu dem genialen Freund und „Bruder", wie er ihn durchweg nannte, im Einzelnen beschrieben haben. Der Text dürfte seinen Tagebuchaufzeichnungen nicht unähnlich gewesen sein, wie etwa dieser:

„Heut saß ich da, wo wir bei seinem Hiersein die Nacht geschlafen, und überschaute den nun einsamen traurigen, vom Mond beschienenen Plan – Ach, ich muss von ihm, Länder zwischen uns setzen. Goethe erster Gespiele meiner Jugend, Goethe – muss unser Weg auseinander? Wir Unzertrennliche? – Wo und wie werde ich Dich antreffen? Wirst Du noch mein sein? Wird Dein Herz mich begleiten? Und ich habe sein Bild nicht. Ich will es nicht haben, es würde mich martern . . ."

Lenz, auch in Mannesjahren noch von knabenhaftschmächtiger Gestalt, sah sich als Goethes Zwillingsbruder. Dieser empfand ihn zunächst als kongenial, nannte Lenz dann aber „whimsical" – wunderlich, grillenhaft –, um sich von ihm abzusetzen, wohl weil er sich in mancher Hinsicht in Lenz zu deutlich wiedererkannte. Oder er fürchtete, durch allzu unbedachtes Auftreten des Freundes in der Weimarer Gesellschaft kompromittiert zu werden. Als es tatsächlich dazu kam – Lenz beging eine „Eselei", über deren genauen Gegenstand widersprüchliche Vermutungen angestellt worden sind –, zog Goethe einen Schlußstrich und sorgte damit für einen mehr oder weniger eleganten Abgang des Unglücklichen aus dem klatschsüchtigen Weimar. Ein zum frühen Tod führender Wahnsinn wurde damals bereits an Lenz erkennbar, auch dies zwingender Anlaß zur Abkehr von einem schwierigen Gefährten der Jugend. Zur Jahreswende 1774/75 hatte Goethe an Sophie von La Roche noch geschrieben: „Das ist was Verfluchtes, daß ich anfange, mich mit niemand mehr mißzuverstehen..."

Davon konnte jetzt keine Rede mehr sein. Mißverständnisse begleiteten seinen Weg durch das dramatische Jahr 1775, in größerer Zahl als ein reizbarer Mensch wie er zu verkraften wußte.

Meine Schwester oder meine Frau

Eine „femme fatale" ist sie nicht, weder schön noch besonders elegant, auch nicht auffallend eloquent oder vom Wesen her gewinnend. Goethe freilich ist auf Charlotte Ernestine Albertine von Stein vorbereitet gewesen, als sie ihm im November 1775 – nur wenige Tage nach dem für sein ferneres Leben entscheidenden Wechsel nach Weimar – in der Hofgesellschaft begegnet. Kurarzt Zimmermann in Bad Pyrmont hatte in kupplerischer Absicht zwischen den beiden Fäden gesponnen, und Goethe hatte ihre Silhouette nicht nur betrachtet, sondern sogleich für Lavaters „Physiognomische Fragmente" beschrieben: „Festigkeit, . . . Behagen in sich selbst, liebevolle Gefälligkeit, Naivität und Güte, selbstfließende Rede, nachgiebige Festigkeit, Wohlwollen, treubleibend, siegt mit Netzen . . ." Diese und ähnliche Eigenschaften mehr glaubt der Dichter in ihren Zügen erkennen zu sollen. Ihr schwebender Gang und die zierliche Gestalt, bei feinsten Manieren und unaufdringlicher Höflichkeit, machten sie der Gesellschaft angenehm, und hier und dort sogar anregend. Goethe lernt die Freifrau von Stein in Gesprächen mit dem Kurarzt und Schriftsteller kennen, noch bevor er ihrer ansichtig wird.

Es handelt sich also nicht um die berühmte Liebe auf den ersten Blick. Die sich anbahnende Beziehung zwi-

Charlotte von Stein. Kreidezeichnung Goethes, 1777.

schen der 33jährigen und dem 26jährigen Weimarer Neubürger wird viel mehr und auch wieder weniger sein, von einer Liebschaft allerdings bleibt sie auf immer weit entfernt. Goethe verfolgt, wie sein herzoglicher Freund Carl August gleich erkennt, der ihn nun ganz in seinen Kreis gezogen hat, einen Plan, der ihn allein angeht. Er habe „immer zuviel in die Weiber gelegt, seine Ideen in ihnen geliebt", und sonst nahezu nichts, äußert der alternde Carl August abschließend gegenüber Friedrich von Müller, seinem Kanzler und Freund. Der Herzog hat ihn beobachtet, von seinen ersten Weimarer Tagen an, und er war ein guter Beobachter.

Der Alte selbst zieht gegenüber Johann Peter Eckermann, dem jungen Freund seiner letzten Lebensjahre, auf seine poetische Weise hierzu die schöne Parallele: „Frauen sind silberne Schalen, in die der Dichter goldene Äpfel legt." Nicht realistisch geformt seien seine Frauengestalten: „Sie sind alle besser, als sie in der Wirklichkeit anzutreffen sind."

So ergeht es ihm auch mit Charlotte, der soviel älteren, verheirateten Frau und Mutter. Wie ein Klosterbruder beginnt er sein Leben, in Anlehnung an den Marienkult (der ihm ansonsten eher zuwider ist), der schwesterlich geliebten Person zu weihen. Über die ersten fünf Jahre seines gesellschaftlichen Umgangs mit ihr spricht er folgerichtig von einem „Noviziat", und bebt damit unausgesprochen dem Tag der ewigen Gelübde entgegen. Ihre Beziehung hält nach dem Urteil der Mitwelt tatsächlich jedweder moralischer Kritik stand, selbst der in jenen Jahren einem Lästerwort noch nicht abgeneigte Friedrich Schiller charakterisiert sie als „ganz rein und untadelhaft".

Was wären dann aber die Motive für Goethe gewesen, den Verkehr mit Charlotte zu einer mehr als eine Dekade andauernden Affäre aufzublähen, ihr seine Zeit und seine Kraft, sein Genie und seinen Elan zu opfern? All dies hat er wirklich getan, er sah es so, und sie nicht minder. Sein Plan kann nur dieser gewesen sein: Um sich nicht dem Verdacht auszusetzen, an Frauen generell desinteressiert zu sein, sucht er im steten Umgang mit Charlotte eine Pauschalrechtfertigung für den freigewählten Verzicht auf sonstige Männervergnügungen. So bedeuteten ihm die sogenannten „Miseleien" (wohl abgeleitet von Demoiselle, Abkürzung: Misel), also die kleinen Flirts mit den jungen Damen bei Hofe, anders als dem Herzog wenig oder gar nichts. Ohne sich allerdings den größeren Irrtum einzugestehen, dem er mit seiner ausschließlichen, zugleich unerfüllten Beziehung zu Charlotte anhing, beklagt er offen seine zunehmende Vereinsamung als Folge dieses zeitweilig auf eine einzige Person abgestellten gesellschaftlichen Verkehrs: „Ach, da ich irrte, hatt' ich viel Gespielen, da ich dich kenne, bin ich fast allein."

Der große Selbstanalytiker, der sich schon in den ersten Weimarer Jahren zu erkennen gibt, deutet seine emotionale Ambivalenz indirekt in einem der frühen Briefe an Charlotte mit den in jeder Hinsicht bezeichnenden Worten an: „... weil ich doch nun mal die Schwachheit für die Weiber haben m u s s, will ich sie lieber für Sie als für eine andere." Weshalb m u s s er denn? Er zwingt sich offenbar zu einem Verhalten, das er der Gesellschaft schuldig zu sein glaubt, nicht sich selber. Und nur vier Wochen später schreibt Goethe für Charlotte von Stein jenes Gedicht, das man getrost auch als Bilanz seiner Be-

ziehung zu ihr sehen kann, einer Bilanz, die auch hier
- wie bei Friederike Brion und Lili Schönemann - in
einer sehr frühen Phase ihrer jeweiligen Beziehung zu
Goethe gezogen wird:

Warum gabst du uns die tiefen Blicke
Unsre Zukunft ahndungsvoll zu schaun.
Unsrer Liebe, unserm Erdenglücke
Wähnend selig nimmer hinzutraun?
Warum gabst uns Schicksal die Gefühle
Uns einander in das Herz zu sehn,
Um durch all' die seltenen Gewühle
Unser wahr Verhältnis auszuspähn.

Ach so viele tausend Menschen kennen
Dumpf sich treibend kaum ihr eigen Herz,
Schweben zwecklos hin und her und rennen
Hoffnungslos in unversehnem Schmerz,
Jauchzen wieder wenn der schnellen Freuden
Unerwarte Morgenröte tagt.
Nur uns Armen liebevollen beiden
Ist das wechselseitge Glück versagt
Uns zu lieben ohn uns zu verstehen,
In dem Andern sehn was er nie war
Immer frisch auf Traumglück auszugehen
Und zu schwanken auch in Traumgefahr.

Glücklich den ein leerer Traum beschäftigt!
Glücklich dem die Ahndung eitel wär!
Jede Gegenwart und jeder Blick bekräftigt
Traum und Ahndung leider uns noch mehr.
Sag was will das Schicksal uns bereiten?

Sag wie band es uns so rein genau?
Ach du warst in abgelebten Zeiten
Meine Schwester oder meine Frau.

Kanntest jeden Zug in meinem Wesen,
Spähtest wie die reinste Nerve klingt
Konntest mich mit einem Blicke lesen
Den so schwer ein sterblich Aug durchdringt.
Tropftest Mäßigung dem heißen Blute,
Richtetest den wilden irren Lauf,
Und in deinen Engelsarmen ruhte
Die zerstörte Brust sich wieder auf,
Hieltest zauberleicht ihn angebunden
Und vergauckeltest ihm manchen Tag.
Welche Seligkeit glich jenen Wonnestunden,
Da er dankbar dir zu Füßen lag.
Fühlt sein Herz an deinem Herzen schwellen,
Fühlte sich in deinem Auge gut,
Alle seine Sinnen sich erhellen
Und beruhigen sein brausend Blut.

Und von allem dem schwebt ein Erinnern
Nur noch um das ungewisse Herz
Fühlt die alte Wahrheit gleich im Innern,
Und der neue Zustand wird ihm Schmerz.
Und wir scheinen uns nur halb beseelet
Dämmernd ist um uns der hellste Tag.
Glücklich, daß das Schicksal das uns quälet
Uns doch nicht verändern mag.

In dieser brüderlich-schwesterlichen Beziehung zu der re-
spektheischenden Anstandsperson, die Charlotte für

Goethe in dessen erstem Weimarer Jahrzehnt ja auch gewesen ist, trifft man auf mancherlei Spuren beunruhigender Unsicherheit des Dichters, sich in der Welt zurechtzufinden. So verfällt er oft in Selbstmitleid, das sich zuweilen der Verzweiflung nähert: „Will mich in der Melancholie meines alten Schicksals weiden, nicht geliebt zu werden, wenn ich liebe." Das kommt vielleicht am deutlichsten in einem kleinen Brief zum Ausdruck, den er dem zitierten Gedicht nachschickt: „Warum soll ich dich plagen! Liebstes Geschöpf! - Warum mich betrügen und dich plagen und so fort. - Wir können einander nichts sein und sind einander zu viel - Glaub mir wenn ich so klar wie Faden mit dir redete, du bist mit mir in allem einig. - Aber eben weil ich die Sachen nur seh wie sie sind, das macht mich rasend. Gute Nacht Engel und guten Morgen. Ich will dich nicht wiedersehn - Nur - du weißt alles - Ich hab mein Herz - Es ist alles dumm was ich sagen könnte. Ich seh dich eben künftig wie man die Sterne sieht! - denk das durch."

„. . . wie man die Sterne sieht!" - eine Vorstellung, die einerseits Bewunderung ausdrücken könnte, andererseits seinen Forschergeist zu beflügeln scheint: eine Liebe jedenfalls nicht von dieser Welt. Das ist genau das, was er braucht und selten verschmäht. Unerreichbar das Ziel innigster Wünsche, unstillbar das Verlangen nach Erfüllung. Charlotte wird für ihn, der in seinen Dichtungen so viele Wünsche nach unkörperlicher Schönheit befriedigte, zu einer Figur von Reinheit und Klarheit, ein Fixpunkt im Universum. Weniger poetisch ausgedrückt ist sie das Alibi für ein beharrliches Abstandhalten von jeglichen Beziehungen zu Frauen, sexuellen Triebverzicht eingeschlossen. Es gibt für ihn keine anderen Frauen.

Die Liebe zu Charlotte dient ihm nachgerade als Vorwand dafür, nicht einmal ernsthaft darauf angesprochen zu werden. Eine Anekdote von unbezweifelbarer Aussagekraft wirft ein charakteristisches Licht auf Charlottes Alibifunktion:

Als Goethe Maria Antonia Marchesa di Branconi begegnet, nach allgemeiner Einschätzung seinerzeit die schönste Frau in deutschen Landen, und sein Freund Lavater sich neugierig nach etwaigen Konsequenzen aus diesem sich über Tage hinziehenden Treffen erkundigt, antwortet Goethe in einer ihn und sein Verhalten gegenüber dem weiblichen Geschlecht bezeichnenden Weise: „Deine Frage über die Schöne kann ich nicht beantworten. Ich habe mich gegen sie so betragen, als ich's gegen eine Fürstin oder Heilige tun würde. Und wenn es auch nur Wahn wäre: ich möchte mir solch' ein Bild nicht durch die Gemeinschaft einer flüchtigen Begierde besudeln, und Gott bewahre uns vor einem ernstlichen Band, an dem sie mir die Seele aus den Gliedern winden würde . . ."

Plastischer ließe sich nicht ausdrücken, daß seine Fähigkeit, eine „normale" – das heißt: körperliches Begehren umfassende – Liebesbeziehung zu Frauen herzustellen, noch kaum entwickelt ist. Die Branconi, Mätresse des späteren Herzogs Karl Wilhelm von Braunschweig, ist damals 29, Goethe 31 Jahre alt. Weshalb diese beiden jungen Menschen, trotz unleugbarer gegenseitiger Anziehung, den Weg zueinander nicht gefunden haben, läßt sich allenfalls mit einer bei diesem Liebhaber tiefsitzenden Furcht vor dem Weibe an sich erklären. Und so fügt er in dem Brief an den Zürcher Freund erwartungsgemäß hinzu: „Auch tut der Talisman [aber eben auch eine Ausrede – d. A.] jener schönen Liebe, womit die Stein mein Leben würzt, sehr viel. Sie hat meine Mutter, Schwester und Geliebte nach und nach geerbt, und es hat sich ein Band geflochten, wie die Bande der Natur sind." Die Bande der Natur sind von schönster Klarheit, schuldfrei, beliebig belastbar und dehnungsfähig. An Charlotte schreibt er in jenen Tagen, er habe sein „ganzes Leben einen idealischen Wunsch gehabt, wie ich geliebt sein möchte, und habe die Erfüllung immer im Traume des Wahns vergeblich gesucht; und da mir die Welt täglich klarer wird, find' ich's endlich in Dir auf eine Weise, daß ich's nie verlieren kann."

Festhalten an der „reinen" Liebe wird zur Pflicht, und allein die „hohe Frau" bietet dafür ausreichende Gewähr: „Die Juden haben Schnüre, mit denen sie die Arme beim Gebet umwickeln; so wickle ich Dein holdes Band um den Arm, wenn ich an Dich mein Gebet richte und Deiner Güte, Weisheit und Geduld teilhaftig zu werden wünsche. Ich bitte Dich fußfällig, vollende Dein Werk, mache mich recht gut! – –"

Cour d'amour

Mutmaßungen – bis in unsere Tage hinein –, zwischen Goethe und Charlotte von Stein hätte es mehr als nur eine platonische Beziehung gegeben („hat er nun oder hat er nicht?"), streifen die Zone der Lächerlichkeit. Charlotte wird von allen Zeitgenossen, die sich dazu geäußert haben, als bar jeder Sinnlichkeit und erotischen Charmes bezeichnet. Es ist sogar zweifelhaft, ob Goethe damals – wenn dies anders gewesen wäre – schon darauf reagiert hätte. Auch der etwas seltsam anmutende Versuch einer Nachdichtung seines damals entstandenen Gedichts „An den Mond" – man fand sie erst später unter Charlottes Papieren – gibt hinlänglich Aufschluß über ihren untadeligen, eher frömmlerischen Lebenswandel. Nachdem sie in den ersten Strophen wortreich der schmerzlichen Abwesenheit des einstigen Freundes nachtrauert, kommt die sittenstrenge Dame („nach meiner Manier") zu folgendem Herzensbekenntnis:

Selig, wer sich vor der Welt
Ohne Haß verschließt,
Seine Seele rein erhält
Ahndungsvoll genießt

Was den Menschen unbekannt
Oder wohl veracht
In dem himmlischen Gewand
Glänzet bei der Nacht.

Reinheit der Seele, ein Motiv, das einem religiösen Er-
bauungsbüchlein entnommen sein könnte, ist ihr Thema.
Ganz anders Goethe, der uns mit dem Gedicht an seinen Stimmungen teilhaben läßt und dabei einen Blick in
das labyrinthisch-rätselhafte Innere seines Wesens ge-
währt:

Füllest wieder's liebe Tal
still mit Nebelglanz,
lösest endlich auch einmal
meine Seele ganz.

Breitest über mein Gefild
lindernd deinen Blick
wie der Liebsten Auge mild
über mein Geschick.

Das du so beweglich kennst,
dieses Herz in Brand
haltet ihr wie ein Gespenst
an den Fluß gebannt.

Wenn in öder Winternacht
er vom Tode schwillt,
und bei Frühlingslebens Pracht
an den Knospen quillt.

Autograph des Gedichts „An den Mond", 1778.

Selig wer sich vor der Welt
ohne Haß verschließt,
einen Mann am Busen hält
und mit dem genießt,

was dem Menschen unbewußt
oder wohl veracht'
durch das Labyrinth der Brust
wandelt durch die Nacht.

Diese erste frühe Fassung des Gedichts ist aufschlußreicher als die später im Druck erschienene. Charlotte kannte diese, und es verwundert nicht, an welchen Stellen sie Korrekturen nach ihrer Manier vornimmt. In diese Verse hat der große Einsame vieles von dem gelegt, was ihn in den ersten Weimarer Jahren bedrückte, allem Glanz, der ihn auch umgab, zum Trotz – er fühlt sich als das „Gespenst", das man „an den Fluß gebannt". Und den „Mann", den er am Busen hält, ersetzt der Dichter erst sehr viel später durch den weniger verfänglichen Ausdruck „Freund".

Bei allem war ihm dennoch die Stein unentbehrlich zur Unterstützung seiner Selbsterziehung, die er uns bis zur Penetranz in seinen dramatischen Dichtungen, vor allem in seinem vielleicht subtilsten Werk, dem „Tasso", vor Augen führt. Deshalb, und nur deshalb verweigert er sich der täglichen Cour d'amour nicht, das heißt den höfischen Formen der Galanterie, spielerischen Aufmerksamkeiten und was dergleichen Artigkeiten gegenüber Damen höherer Stände noch sein mochten.

Selbst zu ausschweifendem „Genietreiben" mit Carl August ist dessen ständiger Begleiter Goethe unaufgefordert bereit: „Der Herzog in Weimar soll viele tolle Streiche begehen, und Goethe soll brav mit ihm herumschwärmen . . .", schreibt Heinrich Christian Boie an Johann Martin Miller. „Brav" ist das Schlüsselwort. Also wird er, so abwegig dies klingen mag, aus Konvention mitgemacht haben, nicht aus Neigung. Weshalb Voss d. Jüngere mit seiner in Wandsbek (sic!) geäußerten Vermutung ins Unbestimmte greift, wenn er meint, daß der Herzog mit ihm „wie ein wilder Bursche auf den Dörfern herumläuft, sich besäuft und mit ihm brüderlich einerlei Mädchen genießt". Voss war natürlich auf Informationen aus zweiter Hand angewiesen. Genaues konnte er kaum wissen, und doch trifft er indirekt und unfreiwillig ins Schwarze: Wenn der Herzog mit seinem Genie unterwegs war, bedurfte es logischerweise nur e i n e s Mädchens, nämlich dessen an der Seite von Carl August. Des Herzogs Draufgängertum bei Frauen war weithin bekannt. Auf dieser Linie bewegt sich eine üble Nachrede von Johann Jakob Bodmer, ein Goethe feindlich gesinnter Literaturkritiker (in Zürich!) und veritables Schandmaul. Bodmer wollte erfahren haben, daß der ihm verhaßte Dichter mit dem Herzog nachts durch die Gassen von Weimar streife. Und dabei sollen sie „einer ehrbaren Frau die Kleider über den Kopf gebunden haben . . ."

Das eine wie das andere gehört in das Reich der Geschichten, wie man sie über prominente Leute zu erzählen pflegt, und sie scheinen nicht einmal gut erfunden. Real dagegen rücken die Ängste und Ahnungen, die Goethe wegen seiner unauslotbaren Beziehung zu der „hohen Frau" (so nennt er Charlotte tatsächlich) auszustehen hat, ins Blickfeld: „Der Himmel ist nicht wie ge-

stern... Und ich weiß nicht, was für Ahnungen wie Spin-
nen mir übers Herz krabbeln. Ich wollt', es wären Blähun-
gen, die vom Reiten vergeh'n ..."

Erst nach zehn Jahren beginnt er merklichen Abstand
von der Abhängigkeit zu nehmen, die er einst so sehr genossen hat und die ihn jetzt zu lähmen droht. Ein prak-
tischer Umstand hilft ihm dabei, nicht mehr so häufig
wie sonst an ihrer Seite zu sein. 1785 wird aus Sparsam-
keitserwägungen die große Kavalierstafel bei Hofe aufgehoben, und zwar endgültig. An ihr hatte auch Charlottes Ehemann, der Rittmeister von Stein, regelmäßig
teilgenommen, was es Goethe ermöglichte, ohne dessen
Gegenwart ertragen zu müssen, zur Mittagszeit bei seiner Herzensdame zu sein. Damit war jetzt Schluß, und
auch dies mag zur allmählichen Entfremdung zwischen
den beiden geführt haben.

Liebkosungen eines Tigers

*J*ohann Georg Zimmermann, dem schriftstellernden Arzt, verdanken wir viele aufschlußreiche Beobachtungen vornehmlich des jungen Goethe. Zu ihnen gesellen sich einige tausend, vor allem von Wilhelm Bode gesammelte Zeugnisse von Zeitgenossen des Unsterblichen über dessen Gestus und Verhalten, amtlich-öffentlich, vor allem aber privat. Wenn man Sprache und Stil der Äußerungen von Frauen über Goethe und jene von Männern miteinander vergleicht, zeigt sich, daß erstere eine elementar andere Einstellung zu Goethe haben als letztere. Das heißt: Frauen schreiben, von einigen Ausnahmen abgesehen - bei denen es sich meist um dem Dichter gesellschaftlich verpflichtete Personen handelt -, kritisch, ablehnend, ja geradezu vernichtend, einige weichen gar vor ihm zurück. Männer dagegen geben Zeugnis von unbefangener Zuneigung, manchmal gar von der Bereitschaft zu liebevoller Hingabe an den „größten, weisesten, innigsten aller sterblichen und unsterblichen Menschen" (so Lavater an Charlotte von Stein, 24.11.1779). Eine unmittelbare Konfrontation dieser so unterschiedlichen Bekundungen von Frauen und Männern, beispielhaft ausgewählt aus ungefähr 2.500 Briefen, kann uns Hinweise geben auf die Persönlichkeit Goethes, wie sie in diesem Buch zum Vorschein kommt (eine Frauen-„Stimme" wechselt hier jeweils mit einer Männer-„Stimme"):

Luise von Göchhausen an Friedrich Justin Bertuch, 27. 3. 1776:

„... was Goethe anbetrifft, der ist hier ohngefähr so der Gegenstand allgemeiner Unterredung, als ehedem die Hyäne von Frankreich es unterm deutschen Landvolk war. Sie wissen nicht, was sie aus dem Dinge machen sollen, und gerade weil sie's nicht wissen, machen sie sich ein Ideal von dem Dinge, das genau so paßt als eine Faust in Venus' Auge."

Jakob Michael Reinhold Lenz an Lavater, 1776:
„Goethe ist hier [in Weimar] wirklich Mignon."

Und an seine Mutter, 5. 4. 1776:
„Sagen Sie unserm lieben Vater, er soll alle unsere Geschwister und Freunde an einem Sonntage zusammenbitten und meines Bruders Goethe Gesundheit trinken. Alsdann seiner Mutter, seiner Schwester, seines Vaters und dann meine. Die Rangordnung hat ihre Ursachen."

Johanna Schlosser an Friedrich Heinrich Jacobi, 31. 10. 1779:
„Goethe kann gut und brav, auch groß sein; nur in [der] Liebe ist er nicht rein und dazu nicht wirklich groß genug. Er hat zuviele Mischungen in sich, die verwirren, und da kann er die Seite, wo eigentlich Liebe ruht, nicht blank und eben lassen. Goethe ist nicht glücklich und kann schwerlich glücklich werden ... "

Anton Matthias Sprickmann an Heinrich Christian Boie, 18. 7. 1776:
„In Goethe bin ich verliebt ... Eine der größten Glückse-

85

ligkeiten meines Lebens, daß ich ihn sah! . . . ich liebe, wie ich gewiß weiß, daß wenige lieben, und so ganz ohne Hoffnung, daß mir wohl nie ein Augenblick wahren, innigen Frohseins in der Welt mehr werden kann. Aber wenn ich zu wählen hätte: Geliebt zu werden oder Goethens Busenfreund zu sein . . ., ich würde mich nicht gleich zu entschließen wissen!"

Sophie Becker in ihrem Tagebuch, 30. 12. 1784:
„Er hat etwas entsetzlich Steifes in seinem Betragen und spricht gar wenig!"

Zimmermann an Lavater, 3. 11. 1777:
„Die Liebkosungen von Goethe schienen mir die Liebkosungen eines Tigers. Man faßt unter seinen Umarmungen immer an den Dolch in der Tasche . . ."

Karoline Herder an ihren Mann, 15. 8. 1788:
„Im ganzen will es mir nicht wohl mit ihm werden. Er lebt jetzt, ohne seinem Herzen Nahrung zu geben . . ."

Christoph Martin Wieland an Johann Heinrich Merck, 27. 8. 1778 (nach einem Abend mit Anna Amalia bei G.):
„Ich hätte Goethe vor Liebe fressen mögen."

Karoline Herder an ihren Mann, 29. 8. 1788:
„Er sollte männlicher sein und sie [Charlotte v. Stein] *bei der Hand nehmen, wie Du's oft getan hast, wenn ich unwillig herumging."*

Lavater an F. H. Jacobi, 22. 4. 1781:
„Eigentlich zärtlich und amourös lieben kann ich ihn nicht, das weiß er."

Karoline Herder an ihren Mann, 17. 10. 1788:
„Es ist nur schlimm, daß er immer seinen Panzer anhat. Manchmal blicke ich doch durch!"

Johann Wilhelm Ludwig Gleim an F. H. Jacobi, 21. 11. 1781:
„Alle meine Freunde waren sterblich in den Engel Goethe verliebt."

Karoline Herder an ihren Mann, 14. 11. 1788:
„Ich weiß nicht, wie ich ihn entziffern soll."

Gleim an Johann Gottfried Herder, 6. 4. 1784:
„Ich lieb ihn aber doch, wie man die Mädchen liebt, von welchen man geliebt zu werden keine Hoffnung hat, und beklage, daß er stolz und feurig nicht geblieben ist."

Charlotte von Stein an ihren Sohn Fritz, 3. 2. 1794:
„Ich muß immer in meinem Herzen sagen: Armer Goethe!"

Karl von Knebel an Charlotte von Lengefeld, 28. 10. 1788:
„Sein Umgang ist reich und kostbar, aber wie starke Getränke."

Charlotte von Stein an Sohn Fritz, 25. 2. 1796:
„Er ist recht zur Erde geworden, von der wir genommen sind. Der arme Goethe, der uns sonst so lieb hatte."

Friedrich Hölderlin an Georg Wilhelm Friedrich Hegel, 26. 1. 1795:

„Goethen hab' ich gesprochen, Bruder! Es ist der schönste Genuß unsers Lebens, soviel Menschlichkeit zu finden bei soviel Größe. Er unterhielt mich so sanft und freundlich, daß mir recht eigentlich das Herz lachte und noch lacht, wenn ich daran denke."

Charlotte von Kalb an Jean Paul, 9. 7. 1796:

„Wir sprachen von Goethens Idylle [„Hermann und Dorothea"], *die Goethe Ihnen wohl auch vorgelesen. Schiller findet es eine seiner besten Kompositionen. Mir hat's auch gefallen – Gedanken, Komposition – aber mir scheint's, für die Wesen interessiert man sich nicht, von denen gedichtet wird. Der Jüngling ist ein Dichter und kein Liebhaber, das Mädchen verliebt und keine Geliebte."*

Friedrich Schiller an Christian Gottfried Körner, 27. 6. 1796:

„Ein klein Gedichtchen aus dem achten Buch des ‚Meisters' (So laßt mich scheinen ...) will ich Dir doch geschwind abschreiben. Es ist himmlisch, es geht nichts darüber."

Charlotte von Stein an Sohn Fritz, Oktober 1796:

„Es ist und bleibt ein Punkt in seinem Herzen, mit dem es nicht just ist."

Johann Heinrich Dannecker an Wilhelm von Wolzogen, 26. 10. 1797:

„Täglich waren wir beisammen, und er machte mir ein Kompliment, das ich für groß halte, indem er mir sagte:

‚*Nun habe ich Tage hier* [in Stuttgart] *verlebt, wie ich sie in Rom lebte'* . . .“

Charlotte Schiller an Fritz von Stein, 1. 10. 1797:
„*Es ist recht eigen, welchen Eindruck der Ort auf ihn macht: In Weimar ist er gleich steif und zurückgezogen. Hätte ich ihn hier* [in Jena] *nicht kennenlernen, so wäre mir viel von ihm entgangen und gar nicht klargeworden.*“

Johann Heinrich Voss d. Jüngere an Heinrich Christian Boie, 9. 4. 1804:
„*Goethens Zutrauen und seine Liebe zu verlieren wäre das Schrecklichste, was mir in Weimar begegnen könnte. Aber solange ich bleibe, was ich bin, und fortfahre zu werden, was ich werden kann, solange werde ich sein lieber Sohn bleiben, wie er mich mehrere Male genannt hat.*“

Sophie Brentano an Henriette von Arnstein, 8. 8. 1799:
„*Goethens Umgang allein tut einem nicht wohl. Er ist kalt und trocken für Menschen, die ihm gleichgültig sind, und um ihm mehr als das zu sein, dazu gehöret viel.*“

Voss d. J. an Karl Wilhelm Ferdinand Solger, 15. 5. 1804:
„*Schon der Anblick, die Gegenwart dieses Mannes hat einen Zauber, der unwiderstehlich wirkt.*“

Anne-Luise Germaine de Staël an F. H. Jacobi, 11. 3. 1804:
„*Sein Charakter und seine Ansichten sind mir nicht sympathisch.*“

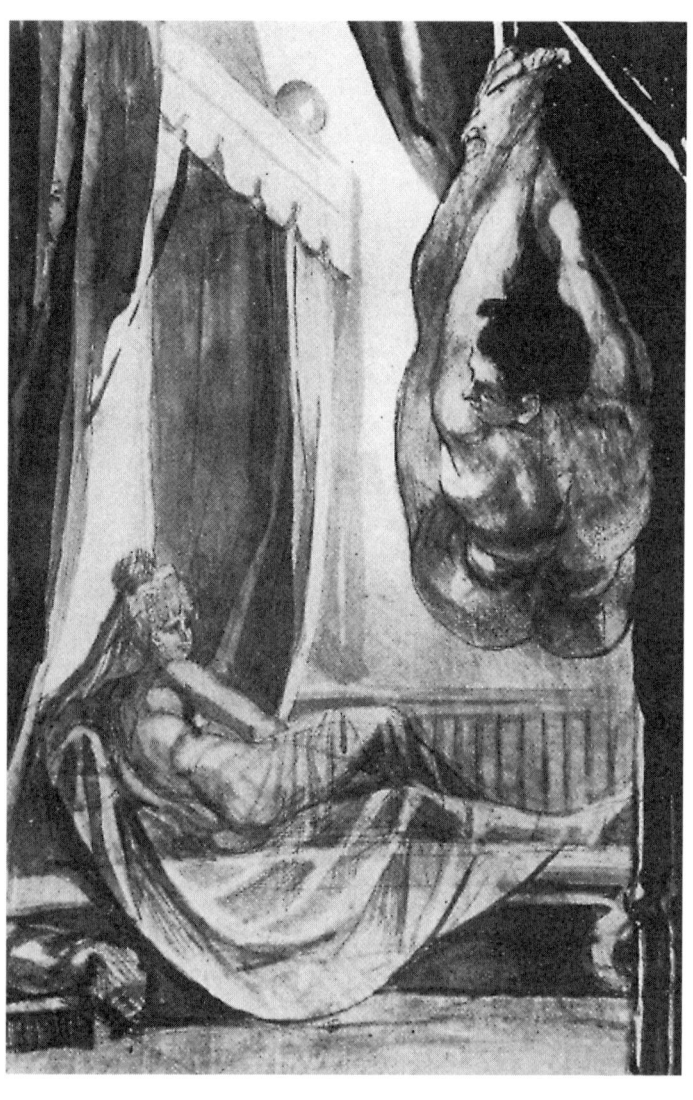

Zu Goethes Lieblingskünstlern zählte Johann Heinrich Füßli. Hier seine Zeichnung von 1807 „Brunhild betrachtet den von ihr aufgehängten Gunther".

Voss d. J. an Boie, 22. 8. 1804:

„Wenn wir jungen Leute um Goethe sind, so gefällt das mir besonders an ihm, daß er nie wie ein Meister zu den Jüngern, sondern wie ein Freund zum Freunde spricht; eine Humanität, die seine Jünger nur umso fester an ihn kettet . . ."

Dorothea Schlegel an Karoline Paulus, 8. 12. 1804:

„. . . er hat kein Gemüt und keine Liebe, und wenn es damit nicht richtig ist, kann alles auf die Länge nicht richtig werden."

Bernhard Rudolf Abeken an Voss d. J., 26. 12. 1808:

„. . . und Goethe hat eine so herrliche Milde."

Luise Seidler an Pauline Gotter, 4. 6. 1809:

„Mir war gar nicht wohl, da Goethe so ganz nur Geheimrat war und blieb."

Wolf Graf Baudissin an seine Schwester, 1. 6. 1809:

„Er ist ein geborner König der Welt. Die Tiecksche Büste von Goethe ist keineswegs idealisiert, sondern Goethe jetzt eher noch schöner, indem sein Gesicht schmaler geworden ist und die göttlichen, nicht schwarzen . . ., sondern braunen Augen nicht einmal der Pinsel darstellen kann . . ."

Helene von Kügelgen an Friederike und Wilhelm Volkmann, November 1812:

„Klopstock, Herder, Jung gingen auf gerader Straße dem Ziele nach. Schillers Weg scheint mir stark geschweift. Und Goethens ein vollkommenes Zickzack. Unbegreiflich ist meinem Gemüt das Haschen nach allem. Ein solcher

Mensch erscheint mir wie ein Polyp, der seine Arme un-
aufhörlich nach Raub ausstreckt und mit gleicher Begier-
de alles und jedes an sich reißt. "

Sir George Jackson in seinem Tagebuch, 29. 10. 1813:
„Ein kleinerer Geist, eine minder geniale Natur wäre
gewiß unausstehlich geworden bei so beständiger Fütterung
mit Schmeichelei, wie sie ihm zuteil wird. "

Karoline von Egloffstein an ihre Mutter, 21. 3. 1817:
„Er ist steifer denn je, und es wird mir selten wohl in sei-
ner Nähe. "

Friedrich Mosengeil in seinem Tagebuch, 9. 11. 1818:
„. . . und wir schieden, es mehr abbrechend als endigend,
. . . daß Goethe mir freundlich drückend die Hand zur Trep-
pe hinaufreichte, und daß mir dieses fast . . . so vorkam, wie
ein erster Kuß der ersten Geliebten. "

* * *

Wortwahl und Ton der auszugsweise zitierten Texte ver-
mitteln ein klar gezeichnetes Bild. Es läßt sich nur schwer
vom jeweiligen Geschlecht der Briefschreiber lösen. In der
Bemerkung von Lavater an Jacobi (beide waren Goethe
innig zugetan), „zärtlich und amourös lieben" könne er „ihn
nicht", kommt gerade in der Ablehnung körperlicher Liebe
(„amourös") durch Lavater zum Ausdruck, daß der Freund
ihn in entsprechender Weise bedrängt haben muß. Was vor-
nehmlich in dem Nachsatz – „das weiß er" – erläutert wird.
Dunkel und beziehungsreich zugleich die Briefstelle von
Zimmermann, dem schon wegen seines Arztberufes und als

Autor philosophischer und zeitkritischer Schriften eine über-
durchschnittliche Beobachtungsgabe zugeschrieben werden
darf: „Die Liebkosungen Goethes schienen mir die Liebko-
sungen eines Tigers. Man faßt unter seinen Umarmungen
immer an den Dolch in der Tasche . . ." Waren seine Um-
armungen mehr als herzlich, freundschaftlich, „brüderlich"
nach dem Geschmack der Zeit? Mußte man sich ihrer er-
wehren? Die Assoziationen „eines Mannes unter Männern"
scheinen angesichts dieser merkwürdigen Entdeckung des
Dr. Zimmermann keineswegs herbeigezogen, sondern viel-
mehr naheliegend. Und daß eine wohlanständige Dame der
Gesellschaft wie Charlotte von Stein ihn vielmals in Briefen
bedauert: „Armer Goethe", kann eigentlich nur mit der auch
von Schiller an seinem Dichterkollegen beobachteten auf-
fälligen Geringschätzung der „Weiberliebe" zusammen-
hängen. So wie die zitierten Briefstellen belegen, denen sich
viele anfügen ließen, haben Frauen eine körperlich spür-
bare Anziehung an der Person des Dichters nicht entdecken
können. Im Gegenteil. Sie finden ihn wechselweise „steif",
„unnahbar" oder „kalt".

Auch ich in Arkadien!

Bis heute spricht die gelehrte Welt von Goethes Italienreise als einer „Flucht". Wenn es eine solche gewesen ist, war sie jedenfalls sorgfältigst vorbereitet, also wohl überlegt und in allen Einzelheiten geplant und ausgeführt. An der „Flucht" dagegen ist nur richtig, daß es sich hier insgesamt um eine Angelegenheit des Herzens handelt, kein Auftrag irgendeiner Instanz oder Person vorgelegen hat, sondern die schiere „Verzweiflung" obwaltet, über welche der „Flüchtende" nach vielen Jahren noch klagt. Sie habe ihn „nach Italien getrieben, . . . daß ich dort mit neuer Lust zum Schaffen die Geschichte des Tasso ergriffen, um mich in der Behandlung dieses angemessenen Stoffes von demjenigen frei zu machen, was mir noch aus meinen Weimarischen Eindrücken und Erinnerungen Schmerzliches und Lästiges anklebte . . ."

Er liebte Heimlichkeiten, weshalb er unbemerkt alle Schubladen daheim verschloß und versiegelte, wie man dies bei geplanten längeren Abwesenheiten zu tun pflegt. Von Italien aus versicherte er der um den Verbleib ihrer Briefe besorgten Charlotte, er habe diese vor Antritt der Reise dem Archiv seines Fürsten zur Aufbewahrung hinterlassen.

Die „Flucht" ist eine Form der Selbststilisierung, zu der

Goethe sein Leben lang neigte, auch als Rechtfertigungsversuch für ausgebliebene Abschiedsszenen und eingehendere Erklärungen über Sinn und Zweck der Reise. Sie hätte eine Entscheidung für immer bedeuten können, denn in seinem letzten Brief an Charlotte vor dem Aufbruch in Richtung Süden schreibt er beziehungsreich:

„Auch ists recht gut, daß ich allein bin, denn gewiß, man wird durch anhaltende Bedienung vor der Zeit alt und unfähig. Jetzt freut mich alles mehr, und ich fang in allem gleichsam wieder von vorne an ... ich hoffe auf dieser Reise ein paar Hauptfehler ... loszuwerden."

Die „Bedienung" zielt auch auf die Sorgfalt, die seine Geliebte im Umgang mit ihm an den Tag zu legen pflegte und die er sonst nicht genug rühmen konnte, auf die er nun aber gern verzichten möchte. Der Entschluß, nach Italien zu reisen, hat eine sehr lange Reifezeit benötigt. Charlotte mit ihrem feinen Spürsinn für untergründige seelische Schwingungen des Mannes, den sie an sich gebunden zu haben glaubt, äußert vielsagend bereits ein Vierteljahr vor Goethes nicht angekündigter Abreise gegenüber Weimarer Freunden: „Ich bedauere den armen Goethe; wem wohl ist, der spricht ..." Doch da er beharrlich schwieg, mußte spätestens Anfang September des Jahres 1786 – als er seine Reisetasche in Karlsbad packte, um die Kutsche nach Regensburg, München und weiter nach Mittenwald zu nehmen – jedem seiner Freunde klar geworden sein, daß da einen die Teutonensehnsucht nach dem Süden oder mehr ergriffen hatte, und die Absicht, Deutschland zu verlassen, lange zuvor entstanden war.

Was in unseren Tagen als „größte kulturelle Unter-

Goethe in seiner
römischen Wohnung.
Federzeichnung
von Johann Heinrich
Wilhelm Tischbein,
1786/87.

Goethe, sich über
den Tisch beugend,
beim abendlichen
Gespräch mit den
Freunden.
Bleistiftzeichnung
von Tischbein,
1786/87.

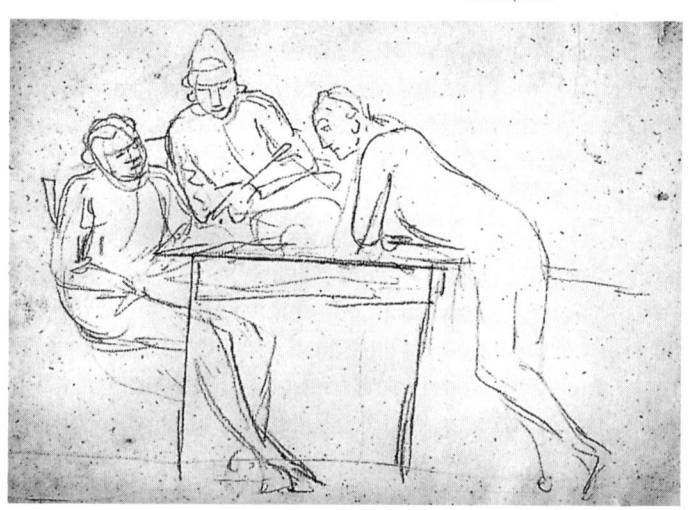

nehmung der Neuzeit" umschrieben wird, geriet für den 37jährigen immerhin zu einer zeitweilig radikalen Wandlung seiner Persönlichkeit.

Worte wie Befreiung, Wiedergeburt und Wesensveränderung fließen ihm nun häufiger denn je in die Feder. Er sucht sein Arkadien, und findet es übrigens eher in Neapel als in Rom, nach dem er sich unendlich sehnte. Er nennt die „ewige Stadt" im Vergleich zum malerischen Napoli „. . . ein übel placiertes Kloster". Mit dem imaginären Land seiner Wünsche, Arkadien, verknüpft der Dichter auch die Hoffnung auf volle Entfaltung seiner männlichen Persönlichkeit. Den „Formenreichtum", den alle Künstler in Italien gesucht und gefunden haben, darf man durchaus wörtlich nehmen. Und doch sperrt sich der sehnsuchtsvoll in „seinem" Rom angelangte Reisende zunächst für Wochen in die Enge einer Wohnung ein, um den erkrankten Karl Philipp Moritz zu pflegen. Der um acht Jahre jüngere Autor empfindet diese Geste des soeben in der römischen Künstlerkolonie freundlich Aufgenommenen als einen fast unglaublichen Freundschaftsbeweis unter Männern, die sich erstmals begegnen. Was treibt Goethe dazu?

Man hat sein Verhalten als einen selbstauferlegten, ungewöhnlichen Samariterdienst idealisiert, doch damit den zeitweiligen Verzicht auf eine angeblich unaufschiebbar drängende Erforschung antiker und neuzeitlicher Kunstschätze Roms nicht erklären können. Goethes liebste Freundin wird bald die Malerin Angelika Kauffmann, die seinem Herzen auf ähnliche Weise naherückt wie es ihm in Weimar mit Charlotte von Stein ergangen ist. Auch Angelika ist deutlich älter, von zarter Natur und „jung-fräulichem Wesen", wie Herder an seine

Goethe [vor dem erkrankten Schriftsteller Karl Philipp Moritz
kniend] im Kreis seiner Freunde in Rom.
Federzeichnung von Tischbein, 1786.

Frau schreibt, nachdem auch er Angelika in Rom kennengelernt hat. Sie wird eine „Engelsfrau" gewesen
sein, welchen Typus Goethe – seltsam genug – noch in
Italien allen anderen weiblichen Geschöpfen vorgezogen
hat.

Der Hinweis auf Angelikas Jungfräulichkeit darf wört-

Ganymed tränkt den Adler Jupiters. Gemälde von Angelika Kauffmann, 1793. Deutlich wird die klassizistische Auffassung: Zähmung ungezügelter Leidenschaft im Anblick reiner Schönheit. Einige Jahre zuvor hatte Goethe bereits eine Hymne auf den von Zeus entführten schönen Knaben geschrieben.

lich genommen werden. Sie war augenscheinlich frigide, weshalb sie einen schon sehr alten italienischen Malerkollegen geheiratet hatte, der reich genug war, dem anspruchsvollen Ehepaar ein angenehmes Leben zu sichern, unter einverständlichem Verzicht auf die Vergnügungen körperlicher Liebe.

Die Legenden, die sich gleichwohl um Goethes Frau-
enbekanntschaften in Italien gebildet haben, erwuchsen
aus dem Bedürfnis seiner Verehrer, ihn stets in der Gesellschaft weiblicher Schönheit und Liebe zu wissen. Vermutlich ruht in keiner von ihnen auch nur ein Körnchen
Wahrheit. Auch der sogenannten „schönen Mailänderin" Maddalena Riggi dürfte er, da sie bereits verlobt war
und Goethe einem zweiten Werther-Schicksal ängstlich
auszuweichen suchte, nicht nähergetreten sein. Ihre
außergewöhnliche Schönheit entzückte ihn, und weiter
nichts.

Die Geschichte von Faustina – diesen Namen verwendet der Dichter einige Jahre darauf bei Abfassung seiner „Römischen Elegien" – wird die bekannteste dieser
Legenden werden, und die zählebigste. Endgültig ent-
zaubert wurde sie erst 1996 (!) durch italienische Goethe-
Forscher: als geschickte Fälschung des literarhistorisch
dilettierenden Journalisten Antonio Valeri (1848-1902),
der unter dem Pseudonym Carletta über das vermeintliche Liebesleben Goethes in Rom 1899 ein Buch publi-
zierte. Des Dichters Biographen übernahmen, bis in unsere Zeit, aus naheliegenden Gründen die erfundene
Darstellung des goethebesessenen Scharlatans. Alle Autoren scheinen noch überzeugt davon, daß die schöne
Witwe Faustina Antonini mit ihren gerade 23 Jahren
Goethe betört und endlich in einen sinnenfrohen Liebhaber verwandelt hat. Die Geschichte besitzt freilich den
heute nicht mehr zu leugnenden Schönheitsfehler, daß
besagte Faustina, die jener Valeri ausgesucht hatte, um
sie italienischen Goethe-Verehrern schmackhaft zu machen, zwei Jahre vor des Dichters Ankunft in Rom gestorben war. Mit der in den Elegien aufgerufenen Fau-

Goethe, aus dem Fenster der Wohnung am Corso in Rom blickend.
Aquarell von Tischbein, 1786/87.

stine zitiert der Dichter nur einen Allerweltsnamen, dem eine reale Person nicht entsprechen muß:

> Eines ist mir verdrießlich vor allen Dingen, ein andres
> bleibt mir abscheulich, empört jegliche Faser in mir,
> nur der bloße Gedanke. Ich will es euch, Freunde,
> gestehen:
> Gar verdrießlich ist mir einsam das Lager zur Nacht.
> Aber ganz abscheulich ists, auf dem Wege der Liebe
> Schlangen zu fürchten und Gift unter den Rosen
> der Lust,
> Wenn im schönsten Moment der hin sich gebenden
> Freude
> Deinem sinkenden Haupt lispelnde Sorge sich naht.
> Darum macht Faustine mein Glück: sie teilet das Lager
> Gerne mit mir und bewahrt Treue dem Treuen genau.
> Reizendes Hindernis will die rasche Jugend: ich liebe,
> mich des versicherten Guts lange bequem zu erfreun.
> Welche Seligkeit ists! wir wechseln sichere Küsse,
> Atem und Leben getrost saugen und flößen wir ein.
> So erfreuen wir uns der langen Nächte, wir lauschen,
> Busen an Busen gedrängt, Stürmen und Regen
> und Guß.
> Und so dämmert der Morgen heran; es bringen die
> Stunden
> Neue Blumen herbei, schmücken uns festlich den Tag.

Von den Tagen, an denen er „die ewig verderbliche Liebe" beklagte, scheint Goethe weiter denn je entfernt. Seine Neugier, Frauen wie Männer gleichermaßen betreffend, wächst vielmehr von Tag zu Tag. Er wird offener und im ganzen zugänglicher für Begegnungen, nicht immer auch

Drei Satyrn mit einer Schlange. Zeichnung von Goethes Hand, wahrscheinlich aus der Italienzeit 1786/87.

für Berührungen, vor denen er manchmal regelrecht zurückschaudert. Seine Beobachtungen werden im gleichen Maße, in dem er Körperkontakt meidet, vielfältiger und zugleich präziser. Seine ungezählten Tagebucheintragungen und die Briefe an Freunde in Deutschland geben davon Zeugnis.

An Goethes Briefstil läßt sich mancherlei ablesen, was seine poetischen Texte entweder verschweigen oder nur andeuten. Die interessanteste Korrespondenz während der italienischen Jahre entspinnt sich zwischen Goethe und Carl August. Goethe weiß natürlich, daß der Jünge-

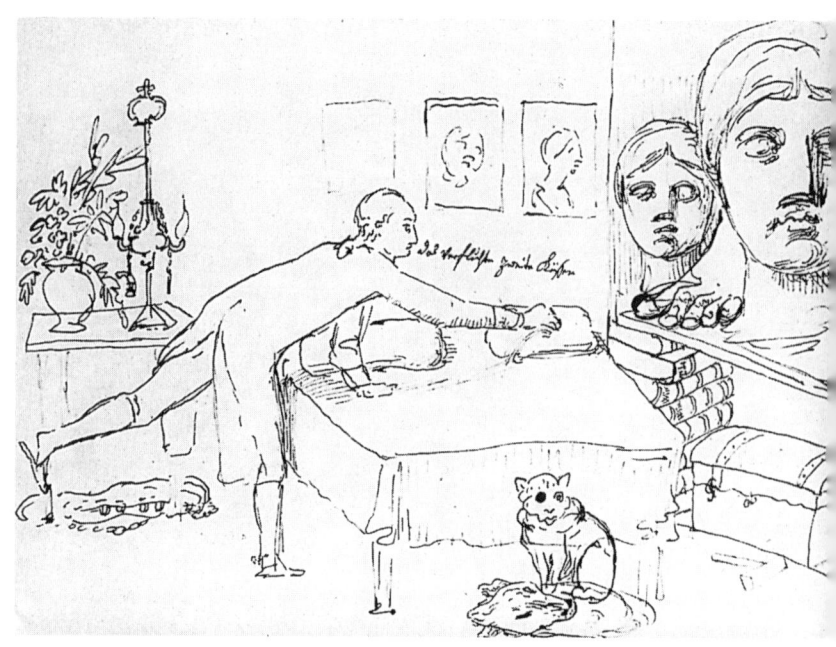

Mit der Sprechblase „Das verfluchte zweite Kissen" fast ein früher Goethe-Comic. Zeichnung von Tischbein, 1787.

re von beiden etwas über die Frauen in Rom, Neapel oder Sizilien erfahren möchte. Der Reisende bedient den Herzog und Freund auf seine Weise. Erst drei Monate nach seiner Ankunft in Rom kommt er (am 3. Februar 1787) zum Thema: „. . . Von interessanten Männern hab ich manchen, von Weibern außer Angelika nur eine kennen gelernt. Mit dem schönen Geschlechte kann man sich hier, wie überall, nicht ohne Zeitverlust einlassen."

Das schreibt gewiß keiner, der als einer der frühesten

„Aussteiger" der europäischen Kulturgeschichte Urlaub in Italien macht. Keine Zeit für Frauen, wenn man sich potent fühlt mit seinen 37 Jahren? Er rettet sich in seinen Voyeurismus, um sich für den Verzicht auf handgreifliche Liebe von vornherein „entschuldigen" zu können:

„Die Mädchen oder vielmehr die jungen Frauen, die als Modelle sich bei den Malern einfinden, sind allerliebst mitunter und gefällig sich beschauen und genießen zu lassen. Es wäre auf diese Weise eine sehr bequeme Lust, wenn die französischen Einflüsse nicht auch dieses Paradies unsicher machten . . ."

Die „französischen Einflüsse", wie Goethe seine Furcht vor der Syphilis umschreibt, scheinen damals virulent gewesen zu sein. Er könnte sich am Ende doch (versuchsweise) mit einem solchen Modell eingelassen haben, auf dem nächtlichen Lager aber vor der sexuellen Vereinigung zurückgeschreckt sein. Eine kleine Zeichnung von Johann Heinrich Wilhelm Tischbeins Hand, mit einer dem Hausgenossen Goethe in den Mund gelegten Sprechblase – „Das verfluchte zweite Kissen" – könnte eine solche „Bett"-Szene karikiert haben. Denn der dargestellte Freund beugt sich über seine Matratze, um jenes verräterische Kissen, auf dem der Kopf der Schönen gelegen haben mochte, zu entfernen. Er will offenbar nicht daran erinnert werden, daß er sich in die unmittelbare Nähe einer ganz prosaischen Ansteckungsgefahr begeben hat, die nun seine Ruhe zu stören beginnt. Noch gegen Ende des Jahres 1787 kommt Goethe in einem Brief an Carl August auf das leidige Thema zurück, so als verspüre er einen Zwang, von Erfolgen bei Frauen zu berichten, die sich jedoch partout nicht einstellen wollen: „Mich hat der süße kleine Gott in einen bösen Weltwinkel relegiert. Die öffentlichen Mädchen der Lust sind unsicher wie überall. Die Zitellen [unverheiratete Mädchen] sind keuscher als irgendwo, sie lassen sich nicht anrühren und fragen gleich, wenn man artig mit ihnen tut: ‚e che concluderemo?' Denn entweder soll man sie heiraten oder sie verheiraten, und wenn sie einen Mann haben, dann ist die Messe gesungen . . ."

Ein Satz in einem weiteren Brief an den Herzog vom Februar 1788, wenige Monate vor dem großen Abschied von Rom, scheint schließlich doch auszusagen, daß er sein sexuelles Verlangen nicht länger haben zügeln können, was allerdings die Überwindung der Furcht vor Ansteckung voraussetzte. Auch er, so schreibt Goethe, könne nun „von einigen anmutigen Spaziergängen in dem süßen Blumengarten erzählen", und er gebe Carl August, diesem „Doctor longe experimentissimus", recht: Denn „dergleichen mäßige Bewegung erfrischt das Gemüt und bringt den Körper in ein köstliches Gleichgewicht." Psychoanalytiker wollen erkannt haben, daß der Briefschreiber hier bewußt seine Rolle bei dem fraglichen Erlebnis übertreibt, indem er im Plural spricht: „anmutige Spaziergänge", wohl um sich als mittlerweile erfahrenen Liebhaber darzustellen. Wahrscheinlicher ist, daß Goethe ein „Experiment" wagte, und dies kurz nachdem er versucht hatte, seinem fürstlichen Freunde noch einmal die Schrecken der Geschlechtskrankheiten in anschaulichen Worten vor Augen zu führen. Carl August blieben dann auch die bitteren Erfahrungen mit der venerischen Krankheit nicht erspart; was bei dessen promiskuitivem Verhalten nicht überraschend war.

Allgemein wird diese Briefstelle als „Beweis" für Goe-

Römische Phantasien . . .
Zeichnung von Goethes Hand, 1787.

thes Hinwendung zur heterosexuellen Liebe gesehen. Das scheint indessen noch nicht zweifelsfrei. Denn parallel zum Geschlechtsakt mit Frauen, den er nunmehr angeblich bedenkenlos praktizieren wolle, beginnt den Empfindsamen tatsächlich zu kränken, daß zärtlichere Gefühle jenseits sexueller Lust kaum oder gar keine Rolle spielen sollen: „Was das Herz betrifft; so gehört es gar nicht in die Terminologie der hiesigen Liebeskanzlei."

Desgleichen geben die treffenden Beobachtungen Goethes zu italienischen Erscheinungen von Homosexualität Aufschluß über innere Bewegungen ganz anderer Art. Sie werden aus der allenthalben gesellschaftlich frustrierenden Situation von Männern, die vor der Ehe sich kaum anders als mit öffentlichen Mädchen abgeben könnten, abgeleitet. Deshalb werde man „ein sonderbar Phänomen begreifen, das ich nirgends so stark als hier gesehen habe, es ist die Liebe der Männer untereinander", schreibt er nach Weimar. Im folgenden beginnt der Briefschreiber geradewegs zu schwärmen: „Vorausgesetzt, daß sie selten bis zum höchsten Grad der Sinnlichkeit getrieben wird, sondern in den mittleren Regionen der Neigung und Leidenschaft verweilt; so kann ich sagen, daß ich die schönsten Erscheinungen davon, welche wir nur aus griechischen Überlieferungen haben, hier mit eignen Augen sehen und als ein aufmerksamer Naturforscher, das Physische und Moralische davon beobachten konnte . . ."

Goethe versäumt bei dieser Gelegenheit nicht, auf entsprechende Passagen in Herders Werken – mit genauen Zitatstellen – hinzuweisen. Er scheint sich mit der Sache bereits näher befaßt zu haben.

Nur wer die Sehnsucht kennt

Dem Italien-Erlebnis vorausgegangen ist die Arbeit an dem Roman „Wilhelm Meister". Daran soll uns in diesem Zusammenhang nur die Gestalt der Mignon interessieren. Der Dichter schildert ein androgynes, also zwiegeschlechtliches Wesen. Und daß dies tatsächlich so ist, kommt neben anderem darin zum Ausdruck, daß er das „Mädchen" Mignon einmal als „sie" und ein andermal als „er" anspricht. Das kann kein Zufall sein. Wilhelm, der Held des Romans, ist sich bei der ersten Begegnung mit Mignon nämlich keineswegs sicher, ob er ein Mädchen oder einen Knaben vor sich hat. Das ist für Goethe bezeichnend, weil es seiner eigenen Natur entspricht oder doch sehr nahe kommt. Um die Sache noch spannender zu machen, gibt er dem Leser mit dem „Mignon" überschriebenen Gedicht ein Rätsel auf, das uns bis heute beschäftigt:

Heiß mich nicht reden, heiß mich schweigen,
Denn mein Geheimnis ist mir Pflicht.
Ich möchte dir mein ganzes Innre zeigen,
Allein das Schicksal will es nicht.

Zur rechten Zeit vertreibt der Sonne Lauf
Die finstre Nacht, und sie muß sich erhellen;
Der harte Fels schließt seinen Busen auf,
Mißgönnt der Erde nicht die tiefverborgnen Quellen.

Ein jeder sucht im Arm des Freundes Ruh:
Dort kann die Brust in Klagen sich ergießen;
Allein ein Schwur drückt mir die Lippen zu,
Und nur ein Gott vermag sie aufzuschließen.

Welchen Schwur hat er getan? Wir erfahren nur, wer ihm die Lippen öffnen könnte, um diesen preiszugeben: ein Gott. Bei Goethe kann das nur heißen: die Natur. Natur waltet, Natur verbirgt, Natur schließt auf und entfaltet. Er meint mithin ein Geheimnis, das sein spirituelles Wesen oder seine Körperlichkeit angehen könnte. Die Verse als Versuch einer Selbstdeutung in sexueller Hinsicht zu sehen, geht vielleicht über die Absichten des Romanautors hinaus. Ausgeschlossen aber ist eine unterstellte Selbstdeutung nicht. Vor allem nicht, wenn man dessen poetische Aussagen – in meist verschlüsselter Form – zur androgynen Metapher im „Wilhelm Meister" untersucht. Die Bitternis unerklärbarer Qualen beschwört das Gedicht, wobei darin nur eines sicher, ja unabweisbar scheint: Daß da einer/eine leidet, der/die seine/ihre Doppelnatur („Herz im Herzen") als ausweg-loses Schicksal resignierend hinzunehmen bereit ist:

Über Tal und Fluß getragen
Ziehet rein der Sonne Wagen.
Ach, sie regt in ihrem Lauf,
So wie deine, meine Schmerzen

Tief im Herzen
Immer morgens wieder auf!

Kaum will mir die Nacht noch frommen,
Denn die Träume selber kommen
Nun in trauriger Gestalt,
Und ich fühle dieser Schmerzen
Still im Herzen
Heimlich bildende Gewalt.

Schon seit manchen schönen Jahren
Seh ich unten Schiffe fahren;
Jedes kommt an seinen Ort;
Aber ach, die steten Schmerzen,
Fest im Herzen,
Schwimmen nicht im Strome fort!

Schön in Kleidern muß ich kommen;
Aus dem Schrank sind sie genommen,
Weil es heute Festtag ist;
Niemand ahnet, daß von Schmerzen
Herz im Herzen
Grimmig mir zerrissen ist.

Heimlich muß ich immer weinen,
Aber freundlich kann ich scheinen
Und sogar gesund und rot;
Wären tödlich diese Schmerzen
Meinem Herzen,
Ach, schon lange wär ich tot!

Verführung en detail

Wir haben alle unsere privaten Gedenktage: Sie erhalten einen festen Platz im Kalender, weil wir uns mit schöner Regelmäßigkeit an jene Ereignisse erinnert sehen möchten, denen sie ihre Entstehung verdanken. In Goethes Leben wird auf diese Weise der 12. Juli 1788 zu einem solchen Tag. Er gedenkt künftig an jedem 12. Juli seiner „Hochzeit ohne Trauung"; genaugenommen ist es der Tag seiner ersten intimen Begegnung mit Christiane Vulpius, und die erste Begegnung mit der 23jährigen Blumenbinderin aus dem Weimarer Fabrikantenhause des Friedrich Justin Bertuch überhaupt.

Für Goethe, den Italien-Heimkehrer, bedeutet die mit dem 12. Juli 1788 einsetzende Beziehung zu Christiane einen Wendepunkt in seinem Leben. Die um 16 Jahre jüngere, gleichwohl liebe- und lebenserfahrene Frau handelt, als sie dem Geheimrat gegenübertritt, im Auftrag ihres Bruders, der brieflich um Unterstützung bei der Bewerbung um eine Festanstellung „bitten läßt", vorsorglich durch die hübsche Schwester. Bei früherer Gelegenheit hatte es der schriftstellerisch nicht unbekannte, doch stellungslose junge Mann vorgezogen, in Person vor dem hohen Herrn zu erscheinen.

Dies ist das Szenario an jenem schmeichelnd-warmen Sommernachmittag, wenige Wochen nach Goethes

Rückkehr von seinem bald zweijährigen Italien-Abenteuer. Die Bedingungen, unter denen er in seine alten, freilich innerlich wie äußerlich gewandelten Weimarer Verhältnisse wiedereintrat, hat er uns eindringlich in seiner Autobiographie beschrieben: „Aus Italien, dem formenreichen, war ich in das gestaltlose Deutschland zurückgewiesen, heiteren Himmel mit einem düsteren zu vertauschen; die Freunde, statt mich zu trösten und wieder an sich zu ziehen, brachten mich zur Verzweiflung. Mein Entzücken über entfernteste, kaum bekannte Gegenstände, mein Leiden, meine Klagen über das Verlorne schien sie zu beleidigen, ich vermißte jede Teilnahme, niemand verstand meine Sprache . . .“ Goethes bei aller Enttäuschung lebensrettender Geist fand indes alsbald einen Ausweg aus dem schmerzlichen Dilemma: „In diesen peinlichen Zustand wußte ich mich nicht zu finden, die Entbehrung war zu groß, an welche sich der äußere Sinn gewöhnen sollte, der Geist erwachte sonach und suchte sich schadlos zu halten . . .“

Und das gelang ihm, eher durch sanftes Geschehenlassen als durch Taten: In den Biographien und Einzeldarstellungen nimmt man freilich an – wie zuletzt im voluminösen Werk von Nicholas Boyle –, daß Christiane vom Herrn Geheimrat nach dessen erster Begegnung mit ihr dahingehend beschieden worden sei, nächstens (am 12. Juli?) wiederzukommen, damit er ihr dann womöglich bereits vom Erfolg seiner Bemühungen um eine dienliche Empfehlung für ihren Bruder berichten könne. Bei dieser Gelegenheit habe Goethe, so die bisher durchgängig vertretene Auffassung von diesem schicksalhaften Rendezvous, das ihm standesmäßig und auch sonst hoffnungslos unterlegene Geschöpf in einem

Überraschungsakt verführt und damit an sich gebunden. Diese Kombination der mutmaßlichen Abläufe erscheint übermäßig konstruiert, vor allem da sie sich verzweifelt um Glaubhaftigkeit bemüht. Denn eine nach dieser Version unterstellte erste Begegnung v o r dem 12. Juli wäre hinsichtlich ihres Ablaufs überhaupt nicht darstellbar. Es wird nämlich einerseits behauptet, die beiden seien sich „wie zufällig" im Park an der Ilm, nahe dem Gartenhaus, begegnet, in das Goethe nach seiner Rückkehr von Italien wieder eingezogen war. Andererseits sei Christiane im Haus am Frauenplan – irgendwann zwischen dem 8. und 11. Juli 1788 – erschienen, um einen Bittbrief zu überbringen, wann genau muß offen bleiben. Eine direkte Antwort sei vermutlich erhofft oder erwartet worden. Bruder Vulpius harrte unterdessen ungeduldig in Nürnberg einer Geste des großen Mannes, den er ja bereits einige Jahre zuvor um Hilfe gebeten hatte.

Daß am 12. Juli ein abermaliges Treffen, und nicht das erste überhaupt, stattgefunden haben soll, wäre hingegen leicht widerlegbar. An diesem Tage konnte der – unterstellt: von Christiane beeindruckte Liebhaber – gar nichts Neues berichten! Denn ausweislich der Liste der Briefausgänge zwischen dem 8. und 12. Juli verließ keine Postsendung das Goethesche Haus, die in irgendeiner Weise auf Vulpius Bezug genommen hätte. Es findet sich vor dem 12. Juli darüber auch keine sonstige Notiz in Goethes Hinterlassenschaft. Allerdings wird unter den Postausgängen am 14. Juli, also zwei Tage n a c h dem bedeutungsschweren „Gedenktag", ein Briefpaket nebst einer kleineren Geldsumme für Christian August Vulpius aufgeführt, vermutlich im Gefühl der Dankbarkeit für genossene Wohltaten abgeschickt.

Christiane Vulpius, gezeichnet von Goethe in der Manier eines antiken griechischen Jünglings, um 1788.

Sehr viel wahrscheinlicher als alle anderen Mutmaßungen ist daher die Annahme, daß es schon bei ihrem
ersten Zusammentreffen – das folglich nur an dem er-
wähnten 12. Juli 1788 stattgefunden haben kann – zur
„hochzeitlichen" Vereinigung der Liebenden gekommen
ist. Sie wiesen selbst dem 12. Juli den besonderen Rang
eines „heimlichen Hochzeitstages" zu, wie von ihren Zeitgenossen mehrfach bezeugt wird. Für die Richtigkeit dieser Einordnung spricht auch der Umstand, daß Christiane unmittelbar danach mit einer „Tante" und einer ihrer
jüngeren Schwestern ins Gartenhaus einzog. Auch steht
wohl außer Zweifel, daß sie die Initiative bei alledem in
Händen hielt, und sogar ausgesprochen planvoll vorge-
gangen sein muß. Auch im Zeitalter der Aufklärung
schleppten Wissenschaftler immer noch althergebrach-
te Vorurteile gegenüber dem weiblichen Geschlecht mit
sich herum; eine Soziologie im engeren Sinne gab es ja
noch gar nicht. Gleichwohl ist das „Charakterbild" der
Frau, das eine sogenannte „Compendiöse Bibliothek
alles Wissenswürdigen über weibliche Bestimmung und
Aufklärung" aus dem Jahre 1794 bietet, nicht rundweg
ins Reich maskuliner Phantasie und Überheblichkeit zu
verweisen. Nach den damals üblichen Schmähungen un-
zulänglicher Verstandestätigkeit des Weibes stellt jene
Schrift aus dem Hause Johann Jacob Gebauer (Gotha
und Halle) wohl zutreffend fest: „Menschenkenntnis
aber besitzen wirklich fast alle Weiber in ziemlichem
Grade, vermöge ihres Talents, auf Kleinigkeiten zu mer-
ken, in welchen sich immer der Charakter am sorgloses-
sten bloßgibt; doch in vorzüglicherm Grade in Absicht
auf das männliche, als auf ihr eigenes Geschlecht . . ."
Man darf nun überzeugt sein, daß diese Schilderung auf

Christiane durchaus zutrifft. Ihren „Geliebten" darf man sich im Augenblick beiderseitiger, freilich von Christiane stimulierter Annäherung als einen Überraschten mit heißen Ohren vorstellen, ähnlich wie es mehr als hundert Jahre später James Joyce mit seiner jungen Geliebten ergangen ist, die er im „Ulysses" verewigte.

Eine in höchstem Maße unerwartete Entwicklung im Leben des Einzelgängers, dem man den Ruf eines Gesellschaftslöwen zu Unrecht angehängt hat. Italien hatte ihn „sinnlich" werden lassen, wie ihm der Weimarer Klatsch nachsagte, und dies galt nicht nur im engeren sexuellen Sinne. Goethe schien weicher, nachgiebiger und verführbarer geworden. Überdies machte ihn die ungewohnte Isolierung von den geselligen Kontakten des Hofes und den Freunden für eine Inanspruchnahme von gänzlich anderer Seite akut empfänglich. Das und einiges mehr hat ihn vermutlich an sein „Naturgeschöpf" gebunden, das Christiane bald für ihn sein wird. Es müssen die ersten und vielleicht einzigen glücklichen Zeiten für den Zerrissenen und hoffnungslos Unglücklichen angebrochen sein, obwohl er sich im nachhinein dazu nicht einmal bekennen mag. Es scheint unfaßbar: Nicht einmal die fast drei Jahrzehnte während Ehe – für die ersten 18 Jahre ohne, danach mit Trauschein – kann dem verzweifelt Liebe Ersehnenden Erfüllung verheißen.

Seine Verführung durch Christiane indessen dürfte in allen Einzelheiten perfekt gewesen sein, weshalb er sich gegenüber dem in diesen Dingen hundertfach überlegenen Freund Carl August nachgerade triumphierend über die „zehn Kategorien" ausläßt, in denen er nunmehr seine erotischen Künste mit der Liebsten unter Beweis stelle.

Ehe in Briefen

Friedrich Schiller, dessen Freundschaft mit dem zehn Jahre älteren Goethe erst von 1794 datiert, will bereits vier Jahre zuvor gewußt haben, daß Christiane und ihr Geheimrat „in wenigen Jahren heiraten würden", da sei er „ganz sicher", wie er an den Gefährten seiner Jugend, Christian Körner, schreibt. Der nachklingende ironische Unterton ist unüberhörbar.

Und so behält Schiller ja auch gar nicht recht. Erst ein Jahr nach dessen Tod – 1806 – bittet ein verängstigter Goethe den Hofprediger Wilhelm Christoph Günther, ihm das „geliebte Mädchen" anzutrauen, aus tiefempfundener Dankbarkeit für Christianes tapferes Auftreten bei einem Plünderungsversuch französischer Freischärler im Haus am Frauenplan. Goethe schien fest davon überzeugt, seine Lebensgefährtin habe ihm das Leben gerettet. Die Trauungszeremonie wird in der Sakristei der Jakobskirche vorgenommen. Die Kirche selber war in ein provisorisches Lazarett für verwundete Soldaten verwandelt worden. Die napoleonischen Marodeure haben den 57jährigen, mit zunehmendem Alter ohnehin immer reizbarer und empfindlicher, tief erschreckt und verstört.

Seine Auffassung vom Wert der ehelichen Gemeinschaft verläuft durchgehend doppelgleisig: Sie sei unzweifelhaft eine bedeutende kulturelle Errungenschaft, äußerte Goethe das eine Mal. Ein andermal verwarf er die „Unnatürlichkeit der Ehe an sich". Er hielt sich überdies seit 1788 „für verheiratet, wenn auch ohne Trauschein". Das Zusammenleben der beiden nach Herkunft, Stand und Bildung so verschiedenen Menschen ähnelt von weitem durchaus dem bürgerlichen Muster einer zunächst freien, dann eben kirchlich sanktionierten Lebensgemeinschaft. Wer genauer hinschaut, entdeckt freilich Unebenheiten und Merkwürdiges, das mit dem „Normalen" nicht leicht in Einklang zu bringen ist: „Ihnen wird man Ihre Wahrheit, Ihre tiefe Natur nie verzeihen", hatte Freund Schiller bereits 1796 prophezeit. Er hat recht behalten, übrigens bis heute.

Goethe hat niemals die große Liebe zu Christiane besonders hervorgehoben, sondern seine Liaison mit dem „Naturkind" ganz realistisch eingestuft, wie er es in einem Zweizeiler sagt:

Lieb' und Leidenschaft können verfliegen,
Wohlwollen aber wird ewig siegen.

Über die ersten Jahre seiner Verbindung mit der Vulpius wissen wir nur aus Äußerungen von Zeitgenossen, also ganz wenig, und sie schöpften vielleicht nicht einmal aus sauberen Quellen. Goethe veranstaltete im Jahre 1797, unmittelbar vor Antritt seiner dritten Reise in die Schweiz, wiederum ein Autodafé, wobei Manuskripte und private Briefe, bis etwa 1792 datierend, den Flammen zum Opfer fielen. Andererseits sparten die Weimarer wie die „Freunde" jenseits der Musentempel nicht mit Hohn und Spott über den angeblich so unglücklich an ein gesellschaftlich völlig unattraktives Bürgermädchen verbandelten Dichter. Goethe empfand darüber zwar schweren Verdruß, doch ließ er sich wenig davon anmerken. Gelegentlich streift die üble Nachrede die Grenze verleumderischer Hetze, wenn etwa Karoline Herder in einem Brief an ihren Mann die Partei der Frau von Stein ergreift und sich dabei zu der Behauptung versteigt, Christiane Vulpius sei, bevor sie mit Goethe zusammentraf, „eine allgemeine H[ure] gewesen . . ."

An dieser und einigen weiteren Briefstellen Weimarer Damen läßt sich das ganze Ausmaß gesellschaftlicher Ächtung erahnen, mit dem sich der Italien-Heimkehrer zwar nicht öffentlich, doch insgeheim konfrontiert fühlte. Selbst der um Aufrichtigkeit bemühte Schiller bildete (bevor er mit Goethe Freundschaft schloß) da keine Ausnahme: „Er [Goethe] fängt an, alt zu werden, und die so oft von ihm gelästerte Weiberliebe scheint sich an ihm rächen zu wollen . . ." Er war allein, ohne jeden Zweifel, und umso verständlicher scheint uns seine rückhaltlose Anlehnung an das „geliebte Mädchen", die einfache Seele, das „liebe Herz", wie er bald seine Briefe an die Vulpius beginnt. An der Natürlichkeit ihres Wesens lebhaft teilnehmend, mehr als daß er ihre Persönlichkeit respektieren konnte – indem er bis in die Regionen des rein Vegetativen vordringt –, begehrt er Christiane poetisch in der Metapher botanischer Phänomene:

> Ein immer offen,
> Ein Blütenherz,
> Im Ernste freundlich
> Und rein im Scherz.

Dabei pflegte Goethe auf Distanz und Nähe gleichermaßen zu achten, Weite und Wertschätzung tolerant miteinander verbindend, sich stets der Unwandelbarkeit ihres naiv-natürlichen Wesens versichernd: „Sollte man wohl glauben, daß diese Person schon zwanzig Jahre mit mir gelebt hat? Aber das gefällt mir ja gerade an ihr, daß sie nichts von ihrem Wesen aufgibt, und bleibt, wie sie war", äußert er als fast 60jähriger. Und zur fassungslosen Verwunderung der Mitwelt, die daran Anstoß nahm, daß Christiane gar nichts von seiner Dichtkunst begreifen werde, empfahl der Meister gutgelaunt, doch mit einem Anflug von Sarkasmus: „Freuen wir uns dieser paradiesischen Literaturlosigkeit".

Besser als jeder andere hat Goethe früh erkannt und geschätzt, daß seine Geliebte für sein privates Dasein ohne Alternative bleiben sollte – allen vermeintlichen Liebeshändeln und „Äugelchen", also kleinen Ausflügen in den Flirt, zum Trotze. Die Eifersucht, die Goethe tatsächlich hin und wieder zeigte, scheint gespielt oder doch übertrieben; Ausdruck wohl mehr eines Gefühls innerer Vereinsamung als eines realen Verlusts der Geliebten. Eine Ehe nach herkömmlichem Muster führte er jedenfalls nicht, obwohl er sich ja mit Christiane von Anfang an verheiratet wähnte. Seine Beziehung war, wie hätte dies bei seiner seelischen Verfassung auch anders sein können, überwiegend patriarchalischer Natur. Die Anreden verraten es: „Meine liebe Kleine", oder „Mein liebes Kind" sind die häufigsten. „Mein Liebstes" kommt vor, aber selten. Die Schlußformeln scheinen noch verräterischer auf Goethes Stellung als Übervater hinzuweisen: „Sorge für das Bübchen [Sohn August] und behalte mich lieb", heißt es da sehr oft, und im Laufe der

Jahre, in denen der Briefschreiber selbst Ausflüchte für sein langes Fortbleiben unterschlägt, greift er oft zu der Formulierung: „Lebe recht wohl, liebe mich und bereite mir einen geselligen Winter". Es handelt sich dann mehr und mehr um eine Ehe, die sich in Briefen abspielt. Die meisten wurden diktiert, wobei man freilich eine eigene Sprache entwickelte – etwa „Meerweibchen" für Mensis; „Krabskrälligkeit" für Schwangerschaft; „Hasigkeit" für Zärtlichkeit, „Judenkrämchen" für Spitzen und Schleife. Eine gewisse Intimität kann man nicht leugnen. Doch kaum ist er daheim, etwa von einer längeren Reise zurückgekehrt, wird umgehend die nächste in Angriff genommen. So ergeht's ihm schon im Sommer 1797, gerade neun Jahre nach seiner Bekanntschaft mit Christiane, mit der er sich vorgeblich auf immer vereint sieht. Nach Stäfa am Züricher See meldet Goethe dem Freunde Heinrich Meyer, er werde „bald so los und ledig als jemals" sein . . .

Das ist deutlich gesprochen, wofür man dem Dichter dankbar sein muß. Goethe hat immer ein zweites Leben gelebt, das er nur mit sich teilte und allen beharrlich verschwieg, und das ihn nicht glücklicher machte als er eben zu sein vermochte.

Erotica Romana

Die Verherrlichung erotischer Freuden im Gedicht bedient sich der römischen Szenerie. In Wahrheit spielt sich die Geschichte im heimischen Weimar ab, zwischen den dürftig tapezierten Wänden seines Gartenhauses oder in den feineren Zimmern der Wohnung am Frauenplan. Mit der Liebsten ist immer Christiane gemeint, wie die Goethe-Forschung herausgefunden haben will. Insoweit bestätigt sich im nachhinein die Annahme, daß der Reisende unter der Sonne Italiens wenig oder gar nicht geliebt hat, sondern von der Anschauung weiblicher Schönheit zehrte, in deren vollen Genuß der unstete Liebhaber erst nach seiner Heimkehr in den Norden kam. Deshalb dichtet Goethe realistisch, und doch immer die wahren Umstände verschleiernd:

Mehr, als ich ahndete, schön, das Glück, es ist mir
                                        geworden
Amor führte mich klug allen Palästen vorbei.
. . .

Uns verführten sie nicht, die majestät'schen Fassaden,
Nicht der galante Balkon, weder das ernste Cortil.
Eilig ging es vorbei, und niedre, zierliche Pforte
Nahm den Führer zugleich, nahm den Verlangenden
                                        auf.

. . .

123

Ekel bleibt mir Gezier und Putz, und hebet am Ende
Sich ein brokatener Rock nicht wie ein wollener auf?
Oder will sie bequem den Freund im Busen verbergen,
Wünscht er von alle dem Schmuck nicht schon behend
                                              sie befreit?
Müssen nicht jene Juwelen und Spitzen, Polster und
                                              Fischbein
Alle zusammen herab, eh er die Liebliche fühlt?
Näher haben wir das! Schon fällt dein wollenes
                                              Kleidchen,
So wie der Freund es gelöst, faltig zum Boden herab.
Eilig trägt er das Kind in leichter, linnener Hülle,
Wie es der Amme geziemt, scherzend aufs Lager hinan.
Ohne das seidne Gehäng, und gestickte Matratzen
Stehet es, zweien bequem, frei in dem weiten Gemach.
Nehme dann Jupiter mehr von seiner Juno, es lasse
Wohler sich, wenn er es kann, irgendein Sterblicher
                                              sein:
Uns ergötzen die Freuden des echten, nacketen Amors
Und des geschaukelten Betts lieblicher, knarrender
                                              Ton.

Was, wenn zeitgenössisch und modern, möglicherweise
immer noch als anstößig empfunden würde, gerät in seinen einschlägigen Gedichtsammlungen, den „Römischen Elegien" wie den „Venezianischen Epigrammen",
durch entsprechende Wahl des Versmaßes (Hexameter)
antik und ästhetisch. Der hohe Ton, den der „sinnliche"
Goethe der nachitalienischen Zeit für seine Verse wählt,
die nun zu seiner „klassischen Periode" wird, kommt nirgends schöner zum Ausdruck als in der zwölften der „Römischen Elegien":

Froh empfind' ich mich nun auf klassi-
      schem Boden begeistert!
Lauter und reizender spricht Vor-
      welt und Mitwelt zu mir.
Ich befolge den Rath, durchblättre die
      Werke der Alten
Mit geschäftiger Hand, täglich
         mit neuem Genuß.
Aber die Nächte hindurch hält Amor mich
~~Aber ich habe des Nachts die Hände~~
      anders beschäftigt;
      ~~gern wo anders~~,
Werd ich auch halb nur gelehrt, bin
      ich doch doppelt vergnügt

Autograph aus den „Erotica Romana", 1790. Die ursprüngliche
Verszeile „Aber ich habe des Nachts die Hände gern wo anders" hat
Goethe geändert in „Aber die Nächte hindurch hält Amor mich an-
ders beschäftigt".

Keine Feste sind mehr der großen Göttin gewidmet
Die statt Eicheln zur Kost goldnen Weizen verlieh.
Laß uns beide das Fest im stillen freudig begehen!
Ein versammeltes Volk, stellen zwei Liebende vor.
Hast du wohl jemals gehört von jener mythischen Feier
Die von Eleusis hieher frühe dem Sieger gefolgt?
Und es entfloh das Profane, da bebte der wartende
                    Neuling

. . .

Wunderlich irrte darauf der Eingeführte durch Kreise
Seltner Gestalten, im Traum schien er zu wallen,
                denn hier
Wanden sich Schlangen am Boden des Tempels,
                verschlossene Kästchen,
Reich mit Ähren umkränzt, trugen hier Mädchen
                vorbei,
Vielbedeutend gebärdeten sich Priester und summten
. . .
Und was war das Geheimnis? als daß Demeter
                die große,
Sich gefällig einmal auch einem Helden bequemt,
Als sie den edlen Jasion, den rüstigen König
                der Kreter
Ihres unsterblichen Leibs holdes Verborgne gegönnt.
. . .
Jene buschige Myrthe, beschattet ein heiliges Plätzchen
. . .

Ungeachtet des schwierigen Versmaßes, das einen eher
feierlichen Vortrags-Rhythmus verlangt, berührt den
Leser der zierliche Charme dieser kleinen erotischen Anspielungen auf „buschige Myrthe" und ihr „holdes Verborgne" – womit natürlich die weibliche Scham gemeint
ist. Gleichwohl mußte der Autor sich, nachdem diese und
etliche weitere Verse in Schillers Literaturzeitschrift „Die
Horen" erschienen, neben Spott und Verdammungsur-
teilen von dem prüden Herder die ätzende Bemerkung
gefallen lassen, nun müßten sich die „Horen" mit „u"
schreiben.
Man muß Goethe im Gegenteil für die Bekenntnishaf-
tigkeit seiner Poesie dankbar sein. Sie sagt über ihn mehr

aus als viele seiner Briefe, in denen er sich zunehmend behutsamer auszudrücken pflegt. Umso deutlicher wird er in den Elegien, doch mit welcher Grazie malt er jene Augenblicke aus, in denen das Verlangen nach dem Körper der Liebsten noch nicht gänzlich gewichen ist, so daß er oftmals auch schon in ihren Armen gedichtet habe, und dabei „des Hexameters Maß leise mit fingernder Hand ihr auf den Rücken gezählt".

In den „Venezianischen Epigrammen" läßt er dann zuweilen jegliche Rücksicht auf Empfindlichkeiten sittenstrenger Kunstrichter beiseite, wenn er etwa dichtet:

Was ich am meisten besorge: Bettina wird immer
geschickter,
Immer beweglicher wird jegliches Gliedchen an ihr;
Endlich bringt sie das Züngelchen noch ins zierliche
Fötzgen,
Spielt mit dem artigen Selbst, achtet die Männer nicht
viel.

Der Voyeur kündigt sich hier an, zu dem sich Goethe parallel mit der Hinwendung zur Klassik immer stärker entwickelt - verkappter Ersatz für fehlende Möglichkeiten, geheimste Wünsche auszuleben? Die Pointe ist auch in diesem Zweizeiler evident:

Knaben liebt ich wohl auch, doch lieber sind mir die
Mädchen;
Hab ich als Mädchen sie satt, dient sie als Knabe
mir noch.

Mein Abenteuer ist bestanden . . .

Voyeuristische Neigungen werden bei Goethe bald übermächtig. Sie kommen in Teilen seiner Dichtung zum Ausdruck, so in der schönen Geschichte vom „bestandenen Abenteuer" mit einem bezahlten Modell. Die hübsche Episode findet sich in den „Briefen aus der Schweiz", die der Herausgeber in der romantischen Manier als „unter Werthers Papieren aufgefunden" darstellt und daher dieser fiktiven Gestalt zuschreibt. Dadurch soll dem Ganzen der Schein von Authentizität verliehen werden, doch authentisch allein sind die Empfindungen, die den Autor begleiten:

„Mein Abenteuer ist bestanden, vollkommen nach meinen Wünschen, über meine Wünsche, und doch weiß ich nicht, ob ich mich darüber freuen oder ob ich mich tadeln soll. Sind wir denn nicht gemacht, das Schöne rein zu beschauen, ohne Eigennutz das Gute hervorzubringen? Fürchte nichts und höre mich: ich habe mir nichts vorzuwerfen, der Anblick hat mich nicht aus meiner Fassung gebracht, aber meine Einbildungskraft ist entzündet, mein Blut erhitzt. O! stünd ich nur schon den großen Eismassen gegenüber, um mich wieder abzukühlen! Ich schlich mich aus der Gesellschaft und, in meinen Mantel gewickelt, nicht ohne Bewegung zur Alten. ,Wo haben

Sie ihr Portefeuille?' rief sie aus. ‚Ich hab es diesmal nicht mitgebracht. Ich will heute nur mit den Augen studieren.' ‚Ihre Arbeiten müssen Ihnen gut bezahlt werden, wenn Sie so teure Studien machen können. Heute werden Sie nicht wohlfeil davonkommen. Das Mädchen verlangt ***, und mir können Sie für meine Bemühung unter ** nicht geben.' (Du verzeihst mir, wenn ich dir den Preis nicht gestehe.) ‚Dafür sind Sie aber auch bedient, wie Sie es wünschen können. Ich hoffe, Sie sollen meine Vorsorge loben; so einen Augenschmaus haben Sie noch nicht gehabt und . . . das Anfühlen haben Sie umsonst.'

Sie brachte mich darauf in ein kleines, artig möbliertes Zimmer: ein sauberer Teppich deckte den Fußboden, in einer Art von Nische stand ein sehr reinliches Bett, zu der Seite des Hauptes eine Toilette mit aufgestelltem Spiegel und zu den Füßen ein Gueridon mit einem dreiarmigen Leuchter, auf dem schöne, helle Kerzen brannten; auch auf der Toilette brannten zwei Lichter. Ein erloschenes Kaminfeuer hatte die Stube durchaus erwärmt. Die Alte wies mir einen Sessel an, dem Bette gegenüber am Kamin, und entfernte sich . . .“

Bis zu dieser Stelle beschreibt die Erzählung in konventioneller Form einen Spannungsbogen, der den Leser umso lebhafter mit der innerlich vorbereiteten Erscheinung konfrontieren und alle Reflexe gewissermaßen startbereit in Stellung bringen soll. In diesem Moment ist der Augenmensch – als den man Goethe zu Recht gesehen hat und er sich wohl auch selber sah, wenn auch nicht im voyeuristischen Sinne – ganz auf die Fortsetzung des Geschehens gerichtet, weshalb der Erzähler nunmehr zum Höhepunkt gelangt:

„Es währte nicht lange, so kam zu der entgegengesetzten
Türe ein großes, herrlich gebildetes schönes Frauenzim-
mer heraus; ihre Kleidung unterschied sich nicht von der
gewöhnlichen. Sie schien mich nicht zu bemerken, warf
ihren schwarzen Mantel ab und setzte sich vor die Toilette. Sie nahm eine große Haube, die ihr Gesicht bedeckt
hatte, vom Kopfe: eine schöne, regelmäßige Bildung zeigte sich, braune Haare mit vielen und großen Locken roll-
ten auf die Schultern herunter. Sie fing an sich auszu-
kleiden; welch eine wunderliche Empfindung, da ein
Stück nach dem andern herabfiel und die Natur, von der
fremden Hülle entkleidet, mir als fremd erschien und beinahe, möcht ich sagen, mir einen schauerlichen Eindruck
machte. Ach, mein Freund, ist es nicht mit unsern Mei-
nungen, Vorurteilen, Einrichtungen, Gesetzen und Gril-
len auch so? erschrecken wir nicht, wenn eine von diesen fremden, ungehörigen, unwahren Umgebungen uns
entzogen wird und irgendein Teil unserer wahren Natur
entblößt dastehen soll? Wir schaudern, wir schämen uns;
aber vor keiner wunderlichen und abgeschmackten Art,
uns durch äußern Zwang zu entstellen, fühlen wir die
mindeste Abneigung. Soll ich dirs gestehen, ich konnte
mich ebensowenig in den herrlichen Körper finden, da
die letzte Hülle herabfiel, als vielleicht Freund L. sich in
seinen Zustand finden wird, wenn ihn der Himmel zum
Anführer der Mohawks machen sollte. Was sehen wir an
den Weibern? was für Weiber gefallen uns, und wie kon-
fundieren wir alle Begriffe? Ein kleiner Schuh sieht gut
aus, und wir rufen: welch ein schöner kleiner Fuß! Ein
schmaler Schnürleib hat etwas Elegantes, und wir preisen die schöne Taille.
  Ich beschreibe dir meine Reflexionen, weil ich dir mit

Worten die Reihe von entzückenden Bildern nicht darstellen kann, die mich das schöne Mädchen mit Anstand und Artigkeit sehen ließ. Alle Bewegungen folgten so natürlich aufeinander, und doch schienen sie so studiert zu sein. Reizend war sie, indem sie sich entkleidete, schön, herrlich schön, als das letzte Gewand fiel. Sie stand, wie Minerva vor Paris mochte gestanden haben, bescheiden bestieg sie ihr Lager, unbedeckt versuchte sie in verschiedenen Stellungen sich dem Schlafe zu übergeben, endlich schien sie entschlummert. In der anmutigsten Stellung blieb sie eine Weile, ich konnte nur staunen und bewundern. Endlich schien ein leidenschaftlicher Traum sie zu beunruhigen, sie seufzte tief, veränderte heftig die Stellung, stammelte heftig den Namen eines Geliebten und schien ihre Arme gegen ihn auszustrecken. ‚Komm!' rief sie endlich mit vernehmlicher Stimme, ‚komm, mein Freund, in meine Arme, oder ich schlafe wirklich ein'. In dem Augenblick ergriff sie die seidne, durchnähte Decke, zog sie über sich her, und ein allerliebstes Gesicht sah unter ihr hervor."

Die Anschauung ist dem Erzähler dieser Geschichte alles, die Berührung des „herrlichen Körpers", in den er sich nicht finden will, nichts. Später wird Goethe zu Friedrich Wilhelm Riemer, Hauslehrer seines Sohnes August, sagen: „Die Begattung zerstört die Schönheit, und nichts ist schöner als bis zu diesem Moment." Und so ist es ihm in dieser „Werther"-Anekdote um „reine" Betrachtung und Genuß der Schönheit in der lustvollen Distanz zu tun, ein neuerlicher Rettungsversuch aus seiner tief unbefriedigenden Gegenwart. Was sich streckenweise wie die Trivialbeschreibung eines Striptease in der verschwiegenen Atmosphäre einer Schlafkammer liest, vom Erzähler aber als „Abenteuer" aufgefaßt wird, enthüllt abermals Goethes mehrschichtiges Verhältnis zur Geschlechtlichkeit im allgemeinen und zur Partnerwahl im besonderen. Der Erzähler, natürlich mit Goethe (Werther) identisch, weicht vor der Entblößung des schöngebildeten Leibes zurück: „Wir schaudern, wir schämen uns . . ."

Wahrlich kein Wunder, daß er fast 40 Jahre gebraucht hat, um den Mut zur Berührung des weiblichen Körpers aufzubringen. Es ist auch nicht dem Zufall zuzuschreiben, daß er ausdrücklich von dem „sehr reinlichen" Bett spricht, auf das der Blick des Erzählers fällt. Denn unser Held ist ein geradezu aseptischer Liebhaber: Eine vom Diener Philipp Seidel vorgenommene Wäscheaufstellung gibt darüber Auskunft, daß Goethe in mittleren Jahren über 178 Unterhosen und fast ebensoviele Hemden verfügte, alles aus reiner Seide.

Nähe des Geliebten

„Der Mann verlangt den Mann; er würde sich einen zweiten erschaffen, wenn es ihn nicht gäbe: Eine Frau könnte eine Ewigkeit leben, ohne daran zu denken, sich ihresgleichen hervorzubringen." Diese kategorischen Sätze finden sich in den „Wahlverwandtschaften", die 1810 erscheinen und einen Skandal hervorrufen. Nicht wegen des Autors Bekenntnis zum männlichen Geschlecht, sondern wegen des mißverstandenen Motivs des Ehebruchs durch freie Partnerwahl. Fünf Jahre sind bis dahin seit Friedrich Schillers frühem Tode vergangen, dem Goethe ein über das gewöhnliche Maß weit hinausreichendes liebevolles Andenken bewahrt.

Über ein Gespräch zur „Ur-Pflanze" sind sie einander 1794 nähergerückt und haben dann regelrecht Freundschaft geschlossen, die in den folgenden elf Jahren immer auch eine höfliche Distanz bewahrte. Beide unternahmen jedenfalls keinen Versuch, vom „Sie" in das vertrauter klingende „Du" zu wechseln; die umfangreiche, von Goethe herausgegebene Korrespondenz spiegelt gleichwohl den Wunsch nach Nähe und Intimität. Katharina Mommsen, international renommierte Germanistin, die sich ausführlich und intensiv mit dem Thema

„Freundschaft" zwischen den Großen der deutschen Klassik auseinandergesetzt hat, spricht offen von Goethes Liebe zu Schiller (und umgekehrt). Weshalb die Forscherin – unter Verwendung eines ihr sachdienlich erscheinenden Zitats von Goethe selbst – vorsorglich einwendet, hier sei „Liebe nicht eine ausschweifende Leidenschaft, sondern jene ernste, heilige Empfindung der Natur, die den unverdorbenen Menschen ahnen läßt, daß etwas Höheres und Göttliches in dieser wundervollen Seelenneigung liegt", bleibt unerfindlich. Es hat bisher niemanden gegeben, der zwischen den Dioskuren der deutschen Literatur etwas anderes als tiefgehende Freundschaft vermutete. Allein: Frau Mommsen geht ja wesentlich weiter, indem sie uns darüber aufklärt, was und wen Goethe mit seinem berühmten Gedicht „Nähe des Geliebten" meint: eben den Freund Schiller. Es ist tatsächlich verblüffend und bestrickend zugleich, daß hier der Nachweis gelingt, wie sich Äußerungen in Briefen zwischen den Freunden mit Motiven und Wortgebrauch im Gedicht vergleichen lassen. Noch bevor Goethe das Gedicht schreibt, legt ihm sein Gefühl seelischer Nähe trotz physischer Distanz im Brief die Schlußformel ein: „. . . und lassen mich nicht ferne von Sich und den Ihrigen sein". Dann möchte er „einige vergnügte Tage in Ihrer [Schillers] Nähe zubringen", und ein andermal „in Ihrer Nähe bleiben", und „wäre es nur auf einige Stunden". Die Häufung dieser Bitten und Klagen, die mehrfach zum Ausdruck kommende „lebhafte Sehnsucht, Sie wiederzusehen" und das wiederholte „Verlangen nach der Nähe" zum Freund ist tatsächlich auffällig, und der von Katharina Mommsen gezogene Schluß, daß dieses Liebesgedicht nur auf Schiller gemünzt sein kann, erscheint glaubhaft, ja zwingend. Wenn es im Gedicht heißt: „Ich bin bei dir, du seist auch noch so ferne, du bist mir nah" und Goethes entsprechende Briefstelle lautet: „Lassen Sie mich auch abwesend nicht ferne sein", dann ist die Übereinstimmung evident. Daß hier eine Frau sprechen könnte, scheint von daher eindeutig widerlegt. Auch die beigezogene Äußerung des alten Goethe gegenüber Johann Peter Eckermann: „Liebesgedichte habe ich nur gemacht, wenn ich liebte", befreit den Zusammenhang von etwaigen Zweifeln. Andererseits ist es unnötig, zur Abschwächung des Grades der geäußerten Gefühlsregung immer wieder auf die „Absolutheit" der von Goethe uneingeschränkt bejahten „griechischen Liebe" (also der zwischen Männern) hinzuweisen. Eine Differenzierung des Liebesbegriffs wirkt in diesem Kontext verkrampft, da ohnedies im Verhältnis Goethe-Schiller klar ist, daß sie im vulgären Sinne „nichts miteinander hatten". Aber sie „liebten" sich, wie ja nun hinlänglich erwiesen ist. Alle Gefühle, die einen Ausdruck im Wort finden, sind damit existent. Ob die „grenzenlose Bereitschaft, für den andern durchs Feuer zu gehen", tatsächlich „deren Hauptkennzeichen ist und nicht die an eine bestimmte Geschlechtszugehörigkeit gebundene Sexualität", mag man getrost dahingestellt sein lassen.

Wenn Goethe mit seiner emphatischen Bewunderung für den Wiedererwecker der Antike in der Neuzeit, Johann Joachim Winckelmann, auch andere anzustecken vermochte, hat dies auch mit der Person des Bewunderten zu tun. Winckelmann war ein homosexueller Mann, was Goethe möglicherweise gar nicht gewußt hat – da er ihm niemals begegnete. Der Bezug zur „griechischen

Liebe" erscheint dennoch nicht abwegig. Deshalb hat Goethes großer Freund in der Periode nach Schillers Tod, Karl Friedrich Zelter, auf Goethes Winckelmann-"Apotheose" mit der Bemerkung reagiert: „... wer, mein göttlicher Freund, wird es verstehn, was Sie hier dem Charakter des Antiken, Heidnischen, der Freundschaft, Schönheit und so weiter so tief und kräftig untergelegt haben? Soll ich stolz sagen: Keiner! indem ich es ahnde?"

Die ausgesprochenen wie die insgeheim gefühlten Zärtlichkeiten, die sich freilich ahnen lassen, sind im Umgang der beiden Männer kaum zu zählen. Auch Schiller hat sich im Gedicht („Das Geheimnis") in verschlüsselter Form dem Geliebten genähert. „In ihrer zwischen Liebe und Freundschaft gleichverteilten persönlichen Zuneigung", so noch einmal Katharina Mommsen, betrachteten die beiden Unzertrennlichen sich schicksalhaft miteinander verbunden. Zu Eckermann wird der alte Goethe dann sagen: „So innig [ist] mein Verhältnis zu Schiller [gewesen], daß im Grunde keiner ohne den andern leben konnte".

Der Junge ist nun mein . . .

Als ein Meister selbsttherapeutischer Anstrengungen, nicht nur in medizinischer, sondern auch in psychologischer Hinsicht, versteht Goethe in seinen mittleren Jahren, genauso wie ihm dies als Jüngling gelang, Momente homoerotischer Anfechtungen geschmeidig zu überspielen. Wenn Analytiker hierfür den Ausdruck „Sublimierung" gefunden haben, trifft dies nicht den Kern der Sache. Wo er geht und steht, wo er liebt oder wo er verzweifelt – befinden sich sein Denken und Fühlen in schönster Übereinstimmung, ist Goethe ganz er selbst. Allfällige Korrekturen an sich vorzunehmen, hat er Charlotte von Stein zwar mit heiligem Eifer im „Noviziat" geschworen. Doch das zählt in solchen Augenblicken nicht. Deshalb erscheinen uns seine Ausflüge in die Bezirke pädagogischer Bemühungen um junge Männer als etwas Originäres, nicht nur als Ableitungen oder Verschiebungen unerwünschter Affekte verborgener Triebveranlagung.

Andererseits könnte man sich an die großen Erzieherpersönlichkeiten des 18. und 19. Jahrhunderts, Pestalozzi und Fröbel, erinnert fühlen, die beide ihre Gleichgeschlechtlichkeit kaum verbergen mochten, und diese doch mit ihrer genialen Befähigung verschmolzen. Bei

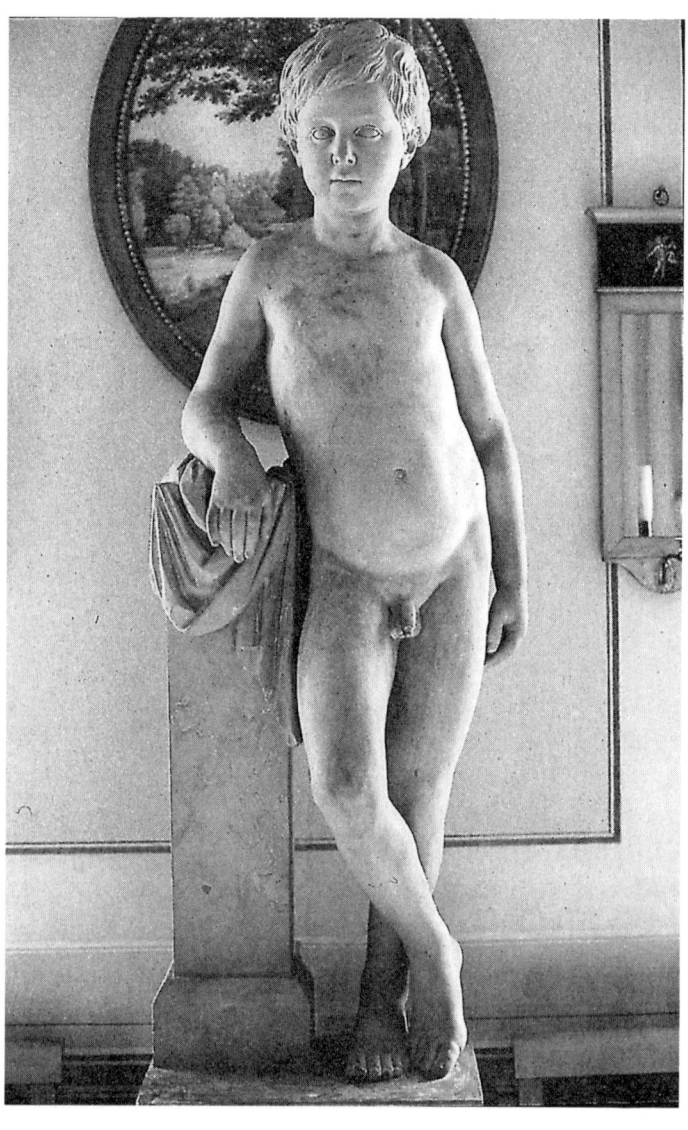

Fritz von Stein. Skulptur von M. G. Klauer, geschaffen 1779 auf Goethes Wunsch.

Goethe, der kein genialer Erzieher gewesen ist und sich doch an Charlottes Sohn Fritz ebenso versuchte wie an dem Schweizer Buben Peter im Baumgarten, darf man im nachhinein fragen, welche Hoffnungen er für seinen seelischen Haushalt mit diesen erzieherischen Experimenten verbunden haben mag? Der Knabe Fritz kam durch Goethes enge Vertrautheit mit der Frau von Stein gewissermaßen auf natürlichem Wege in seine Obhut. Er widmete dem Jungen viel Zeit und Energie, ohne dafür je einen angemessenen Dank zu empfangen. Im Gegenteil: Er pflegte sich bei Charlotte dafür aufmerksam zu erweisen, wenn sie ihm den Sohn zur Erziehung überließ. Zeitweilig nahm Goethe Fritz über mehrere Wochen in sein Haus auf. Er ließ schließlich sogar eine Statue von dem Jungen anfertigen, die diesen – lässig auf einen Säulenstumpf gestützt – in klassischer Manier völlig nackt darstellt. Das Vertrauensverhältnis zwischen Erzieher und Zögling war offenbar so eng, daß Goethe Fritz wie einen leiblichen Sohn betrachtete. Eduard d'Alton berichtete darüber noch 22 Jahre nach dem Bruch zwischen Charlotte und Goethe an den gemeinsamen Freund Knebel, er sei „nirgends . . . mit so viel Vertraulichkeit mißhandelt worden als hier [in Weimar]". So habe ihm die alte Stein „alle ihre Geheimnisse vertraut, weil sie sich in ihren Fehlern geehrt glaubte, sie klagte mir Goethes Untreue, der ihr versprochen, ihren Sohn . . . zum Erben zu machen und nie zu heiraten, und Gott weiß was alles, ohne alle Veranlassung von meiner Seite."

Auf die bemerkenswerteste „Adoption" allerdings hatte sich bereits der 27jährige eingelassen, und zwar auf einer seiner frühen Schweizer Reisen. Dort machte er die Bekanntschaft des 11- oder 12jährigen Peter im Baumgarten (er soll deutlich älter ausgesehen haben), Mündel des mit Goethe nur flüchtig bekannten Grafen Lindau, der – von Abenteuerlust oder Zivilisationsmüdigkeit ergriffen – nach Amerika auswandern wollte. Goethe sprang ein und versprach, für den etwas wilden und verwahrlosten Jungen zu sorgen. So ziemlich alles an dem neuen Hausgenossen muß ihn geärgert haben: der Tabakrauch, den Peter ungeniert in seiner Nähe verbreitete, flegelhaftes Benehmen und mangelhafte Anpassungsfähigkeit überhaupt. Peter beschmierte Gipsbüsten mit blauer Farbe und führte sich auch sonst hemmungslos auf, schwängerte die Pfarrerstochter und zeugte nach erzwungener Heirat weitere fünf Kinder. Goethe warf sich gleichwohl enthusiastisch auf die neue Aufgabe, was man vielleicht aus der Bemerkung in einem Brief an Lavater in Zürich schließen darf, nachdem der seltsame Handel mit Lindau perfekt war: „Der Junge ist nun mein . . .“ Für die Mitwelt schien die reine Menschenliebe aus diesem Erzieher„talent“ zu sprechen, und vielleicht war er niemals wieder so liebevoll und zartfühlend wie bei der Erfüllung dieser ungewöhnlichen, äußerste Langmut erfordernden Aufgabe.

Oder bei jenem anderen jungen Mann, der am Leben zu zerbrechen drohte, und den Goethe kurzentschlossen unter seine Fittiche nahm. Er nannte ihn, in symbolischer Verdrehung der tatsächlichen Verhältnisse, „Krafft“, und half ihm bis zu seinem frühen Tode durch regelmäßige finanzielle Unterstützung, nicht zuletzt aber durch die persönliche Zuwendung und die wiederholten Bitten, am Dasein nicht zu verzweifeln. Goethe, der im „Werther“ den Selbstmord glorifiziert, hält hier ein eindringliches Plädoyer für das Leben, dessen man erst spät gewahr wurde. Suchte der berührungsscheue Mann gleichzeitig nach unerwiderter Zärtlichkeit, die sich nicht verbrauchen mußte, weil sie nur in seiner Phantasie herumgeisterte? Die Reaktionen der Zeitgenossen auf sein Verhalten blieben jedenfalls widersprüchlich, und bis heute weiß man sich keinen Reim auf seine Erziehertätigkeit zu machen.

Metamorphosen der
Sinnlichkeit

Sexuelle Ersatzhandlungen haben wir am Beispiel von Goethes Ausflügen in die pädagogischen Provinzen zumindest mit einem Blick auf Fritz von Stein, Peter im Baumgarten und „Krafft" kennengelernt. Was sonst noch für Möglichkeiten in der Tarnung versteckter sexueller Wünsche lassen sich an den Ritualen seiner ehelichen Beziehung zu Christiane ablesen? Das Studium der Botanik führte den Meister tiefer in das Geheimnis der Schöpfung, deren immer genauere Betrachtung („. . . so seh ich in allen die ewige Zier, und wie mirs gefallen, gefall ich auch mir") ihn sinnlicher werden ließ. In einem „naiven" Sinne, um eines seiner Lieblingsworte zu gebrauchen: ahnen, sehen, fassen, fühlen – in dieser Reihenfolge treten die Metamorphosen seiner exzeptionellen Sinnlichkeit auf, mag er sie, auf welche der natürlichen Erscheinungen auch immer, ausdrücklich beziehen: auf Tiere, Menschen oder Pflanzen. In dem großen „klassischen" Gedicht „Die Metamorphose der Pflanzen", aus seinem Christiane-Erlebnis hervorgegangen, gibt er davon rhetorisch Kunde: Es handelt sich um reinste Erotik, im Gewande anbetungswürdiger Unantastbarkeit mystischer Schönheit. Es ist kein Lehrgedicht, das die Liebe verherrlicht – obwohl dies auf den ersten Blick so scheinen mag –, sondern Liebe pur, in unvermischter Substanz, und in der ursprünglichsten Form:

142

Dich verwirret, Geliebte, die tausendfältige Mischung
Dieses Blumengewühls über dem Garten umher:
Viele Namen hörest du an, und immer verdränget
Mit barbarischem Klang einer den andern im Ohr.
Alle Gestalten sind ähnlich, und keine gleichet
der andern,
Und so deutet das Chor auf ein geheimes Gesetz,
Auf ein heiliges Rätsel. O könnt ich dir, liebliche
Freundin,
Überliefern sogleich glücklich das lösende Wort!
Werdend betrachte sie nun, wie nach und nach sich die
Pflanze,
Stufenweise geführt, bildet zu Blüten und Frucht.
Aus dem Samen entwickelt sie sich, sobald ihn der Erde
Stille befruchtender Schoß hold in das Leben entläßt
Und dem Reize des Lichts, des heiligen, ewig bewegten,
Gleich den zärtesten Bau keimender Blätter empfiehlt.
Einfach schlief in dem Samen die Kraft; ein beginnendes
Vorbild
Lag, verschlossen in sich, unter die Hülle gebeugt,
Blatt und Wurzel und Keim, nur halb geformet und
farblos;
Trocken erhält so der Kern ruhiges Leben bewahrt,
Quillet strebend empor, sich milder Feuchte vertrauend,
Und erhebt sich sogleich aus der umgebenden Nacht.
Aber einfach bleibt die Gestalt der ersten Erscheinung,
Und so bezeichnet sich auch unter den Pflanzen
das Kind.
Gleich darauf ein folgender Trieb, sich erhebend,
erneuet,
Knoten auf Knoten getürmt, immer das erste Gebild ...

Was wird hier beschrieben, was geschieht in diesen Versen? Nicht weniger als ein Zeugungsakt, der Zeugungsakt der Natur schlechthin. Darin liegt für den Dichter Greifbarkeit und Abstraktion zugleich. Die Wortwahl weist freilich klar auf sinnlich Faßbares, Fühlbares, was ihren Urheber, jenseits erfahrbaren Lebensglücks, in hohem Maße stimulierte.

Nehmen wir nur einmal die Verben: befruchten - keimen - streben - drängen - prangen - zeigen - vereinen - verengen - schwellen - strömen - beleben - entsprießen - entfalten usf. Und dann die Hauptwörter: Samen - Feuchte - Hülle - Trieb - Saft - Mutterschoß - Stengel - Gefühl - Düfte - Früchte . . .

Das deutet nicht auf ein „geheimes Gesetz", sondern ist offenkundig reine Sinnlichkeit, übertragen auf die Welt der Vegetation. Deshalb heißt es im Gedicht weiter, dem Gesetz der Wiederholung u n d Steigerung folgend:

Zwar nicht immer das gleiche; denn mannigfaltig
                              erzeugt sich,
Ausgebildet, du siehsts, immer das folgende Blatt,
Ausgedehnter, gekerbter, getrennter in Spitzen und Teile,
Die verwachsen vorher ruhten im untern Organ.
Und so erreicht es zuerst die höchst bestimmte
                              Vollendung,
Die bei manchem Geschlecht dich zum Erstaunen
                              bewegt:
Viel gerippt und gezackt, auf mastig strotzender Fläche,
Scheinet die Fülle des Triebs frei und unendlich zu sein.
Doch hier hält die Natur mit mächtigen Händen
                              die Bildung

An und lenket sie sanft in das Vollkommnere hin.
Mäßiger leitet sie nun den Saft, verengt die Gefäße,
Und gleich zeigt die Gestalt zärtere Wirkungen an.
Stille zieht sich der Trieb der strebenden Ränder zurücke,
Und die Rippe des Stiels bildet sich völliger aus.
Blattlos aber und schnell erhebt sich der zärtere Stengel,
Und ein Wundergebild zieht den Betrachtenden an.
Rings im Kreise stellet sich nun, gezählet und ohne
Zahl, das kleinere Blatt neben dem ähnlichen hin.
Und die Achse gedrängt entscheidet der bergende
                                         Kelch sich,
Der zur höchsten Gestalt farbige Kronen entläßt.
Also prangt die Natur in hoher, voller Erscheinung,
Und sie zeiget, gereiht, Glieder an Glieder gestuft.
Immer staunst du aufs neue, sobald sich am Stengel
                                        die Blume
Über dem schlanken Gerüst wechselnder Blätter bewegt.
Aber die Herrlichkeit wird des neuen Schaffens
                                        Verkündung;
Ja, das farbige Blatt fühlet die göttliche Hand,
Und zusammen zieht es sich schnell; die zärtesten
                                        Formen,
Zwiefach streben sie vor, sich zu vereinen bestimmt.

Im Folgenden gelangt der Dichter zum Ziel seiner Wünsche, zur „Aussage", man könnte profan auch von „Höhepunkt" sprechen, in der „Metamorphose der Pflanzen"
allerdings in das Bild der „höheren Natur", in die Sphäre der Religion, des Tabus und der Göttlichkeit gehoben:

Traulich stehen sie nun, die holden Paare, beisammen
Zahlreich ordnen sie sich um den geweihten Altar.
Hymen schwebet herbei, und herrliche Düfte, gewaltig,
Strömen süßen Geruch, alles belebend, umher.
Nun vereinzelt schwellen sogleich unzählige Keime,
Hold in den Mutterschoß schwellender Früchte gehüllt.
Und hier schließt die Natur den Ring der ewigen Kräfte;
Doch ein neuer sogleich fasset den vorigen an,
Daß die Kette sich fort durch alle Zeiten verlänge,
Und das Ganze belebt, so wie das Einzelne, sei.
Wende nun, o Geliebte, den Blick zum bunten Gewimmel,
Das verwirrend nicht mehr sich vor dem Geiste bewegt!
Jede Pflanze verkünde dir nun die ewgen Gesetze,
Jede Blume, sie spricht lauter und lauter mit dir.
Aber entzifferst du hier der Göttin heilige Lettern,
Überall siehst du sie dann, auch in verändertem Zug:
Kriechend zaudre die Raupe, der Schmetterling eile
                        geschäftig,
Bildsam ändre der Mensch selbst die bestimmte Gestalt!
O, gedenke denn auch, wie aus dem Keim der
                        Bekanntschaft
Nach und nach in uns holde Gewohnheit entsproß,
Freundschaft sich mit Macht aus unserm Innern
                        enthüllte,
Und wie Amor zuletzt Blüten und Früchte gezeugt.
Denke, wie mannigfach bald die, bald jene Gestalten,
Still entfaltend, Natur unsern Gefühlen geliehn!
Freue dich auch des heutigen Tags! Die heilige Liebe
Strebt zu der höchsten Frucht gleicher Gesinnungen auf,
Gleicher Ansicht der Dinge, damit in harmonischem
                        Anschaun
Sich verbinde das Paar, finde die höhere Welt!

Jenen, die mit Goethes Sprache noch nicht vertraut sind, sei gesagt, daß „heilige Liebe" nicht als kanonische Metapher für „religiös" angesehen werden darf. „Heilig" sind dem Dichter die Natur, das „ewige" Werden und Vergehen, die Urbilder alles Seins, und was dergleichen Parallelen sonst sein mögen. So währt ihm die Liebe „ewiglich".

Phantasien im Abendrot

Bettina von Brentano war fast noch ein Kind, als sie Goethe zum erstenmal gegenübertrat. Doch der Fall entwickelte sich nach bekanntem Muster: Die großen Mädchenaugen verschlangen das zwischen Strenge und Güte schwankende Gesicht des schier Unnahbaren, die nächste Stufe der Verehrung nannte sich Anbetung, und der Rest war auch hier Schweigen. Bettine, wie sie allgemein gerufen wurde, hat emotional hoch aufgeladene Briefe an den vergötterten Dichter geschrieben – sie wurden später, unter Einfügung der wenigen von Goethe verfaßten Antworten und Dankschreiben, als Buch unter dem Titel „Goethes Briefwechsel mit einem Kinde" veröffentlicht. Nach Goethes Tod liebte sie – neben und außer ihrem Ehemann Achim von Arnim – andere Männer, ausschließlich berühmte und wegen ihres Charisma unwiderstehliche Gestalten. Nachdem ihr Mann gestorben war, schien der Fürst von Pückler-Muskau an der Reihe, dem sie mit ihrer Penetranz schließlich derart auf die Nerven ging, daß er sie brüsk abwies und sich weitere Briefe überhaupt verbat. Nicht unähnlich war es der draufgängerischen Dichterin bereits mit dem fast 40 Jahre älteren Goethe ergangen, der sie – nachdem Bettine seine Ehefrau Christiane grob beleidigt hatte – aus dem Hause warf.

148

Den Zeitgenossen schon fiel Bettines unbändige Phantasie auf, ihre Leidenschaft für Sachen, die sonst eher Männer angehen, und ihre hingebungsvolle, wenn auch nicht immer ganz uneigennützige Hilfsbereitschaft. Phantasie besaß sie, und was für eine! Schon die angeblich an Goethe abgeschickten und später in dem berühmt gewordenen „Briefwechsel" publizierten Gefühlsprotokolle sind zu einem erheblichen Teil im nachhinein textlich erweitert oder - komplett erfunden - hinzugefügt worden. Auf eine Begegnung mit Goethe im Sommer 1810 in Teplitz spielt Bettine mit einer Aufzeichnung an - welche meist als eine erst später vorgenommene Eintragung in ein Tagebuch gelesen wird -, die im wesentlichen die Beschreibung eines zärtlichen Kontakts mit dem großen Manne enthält:

„Es war in der Abenddämmerung im heißen Augustmonat, in Teplitz, er saß am offenen Fenster, ich stand vor ihm und hielt ihn umhalst, und mein Blick wie ein Pfeil scharf ihm ins Aug gedrückt blieb darin haften, bohrte sich tiefer und tiefer ein. Vielleicht weil er's nicht länger ertragen mochte, frug er, ob mir nicht heiß sei, und ob ich nicht wolle, daß mich die Kühlung anwehe, ich nickte, so sagt' er: ‚Mache doch den Busen frei, daß ihm die Abendluft zugut komme.' Und da er sah, daß ich nichts dagegen sagte, obschon ich rot ward, so öffnete er meine Kleidung; er sah mich an und sagte: ‚Das Abendrot hat sich auf deine Wangen eingebrennt', und dann küßte er mich auf die Brust und senkte die Stirne darauf; - ‚kein Wunder', sagte ich, ‚meine Sonne geht mir ja im Busen unter.' Er fragt: ‚Hat dir noch nie jemand den Busen berührt?' - ‚Nein', sagte ich, ‚mir selbst ist es so fremd, daß du mich anrührst.' - Da drückte er viele, viele und heftige Küsse mir auf den Hals, mir war bang, er solle mich loslassen ..."

Nach der Beschreibung läßt er sie aber nicht los, sondern zieht Bettine schließlich aufs Knie und drückt ihren Kopf an sein Herz usf. Der ganze Text scheint darauf abgestellt, die Heldenrolle der Autorin, die sich hierbei der Gegenliebe des Angebeteten versichern möchte, in strahlendes Licht zu rücken. Die vermeintliche Tagebuchnotiz kann – theoretisch, weil man da bei Bettine niemals völlig sicher ist – auf Tatsachen beruhen. Sie ist aber höchstwahrscheinlich reine Fiktion, gespeist aus ihren Wünschen, Träumen und Hoffnungen, nur ja recht viel im Leben des Unsterblichen zu bedeuten und einen Vorzugsplatz an seiner Seite einzunehmen.

Der Text nimmt beide Positionen ein: die der Verführerin und die des Mannes, der sich die Geliebte unterwirft. Das wäre beinahe hinreichend, um die These zu untermauern, daß der Text ein fiktiver, und nicht der Wirklichkeit nachgebildeter ist. Als entscheidender Hinweis aber, daß die 25jährige Bettine ihrer Phantasie freien Lauf ließ, darf dieser Umstand gewertet werden: Von der Teplitz-Begegnung im Abendrot liegen fünf handschriftliche Fassungen vor, Beweis genug, daß hier die Dichterin und nicht die Tagebuchautorin die Feder führte.

Minchen, mein Minchen

Als Goethe Wilhelmine („Minchen") Herzlieb, Pflegetochter des Jenaer Buchhändlers Karl Friedrich Ernst Frommann, in dessen Haus erstmals begegnete, war sie noch ein Kind, vielleicht gerade zehn Jahre alt. Zur 18jährigen faßte der häufige Besucher der Familie Frommann dann eine Neigung, die in der Literaturgeschichte einmal als „Liebe", ein andermal als „verliebte Laune" des bald 60jährigen für ein kaum erwachsenes Mädchen figuriert. Goethe selbst bekannte gegenüber seiner Ehefrau Christiane, er habe Minchen in deren besten Jahren „wohl mehr als billig geliebt". Er muß höchst erfolgreich im Verbergen seiner Gefühle gewesen sein, denn die hübsche, von allen Männern der schreibenden Zunft umschwärmte Wilhelmine sprach von Goethe ihr ganzes Leben lang nur als von „dem lieben alten Herrn".

Tatsächlich, so viel ist nicht zu übersehen, trieb es den unentwegt neugierigen Meister, der das herannahende Alter bereits in den Gliedern verspürte - nicht im Herzen! -, den Duft der Jugend einzuatmen. Minchen benötigte er wie all die anderen Musenkinder als lebendes Vorbild seiner poetischen Erfindungen - so wird die Herzlieb zur Ottilie in den „Wahlverwandtschaften", an denen er in jenen Jahren gerade arbeitete. Für Goethe, den älteren Mann und berühmten Dichter, „der sie der

151

freundlichsten und zartesten Aufmerksamkeiten wür-
digte, empfand sie eine tiefe Verehrung", berichten Zeitgenossen übereinstimmend. Wie das Objekt des Kultes
zu einer abweichenden Selbsteinschätzung seiner „mehr
als billigen" Neigung kommen mochte, ist nicht rekon-
struierbar. Es sei denn, wir erkennen an, daß Goethe
diese Herzensübungen brauchte, um sich wieder einmal
seiner Normalität zu vergewissern oder Ausgleich durch
Veränderung zu schaffen („neue Liebe, neues Leben").
Alles, was damals in Weimar und Jena schrieb oder kom-
ponierte, umwarb die „holde" Minna mit Sonetten, Lie-
dern und Balladen.

Im November 1807 sah er Minchen nach langen Jahren wieder, sie war damals gerade 18 geworden, und dies
mußte in Versen festgehalten werden – für andere vielleicht nur Anlaß für eine Notiz im Kalenderblatt. Unter
dem Titel „November Achtzehnhundertsieben" dichtete
der Meister:

Ich fing nicht an: ich fuhr nur fort zu lieben,
Sie, die ich früh im Herzen schon getragen,
Dann wieder weislich aus dem Sinn geschlagen,
Der ich nun wieder bin an's Herz getrieben – –

Im dritten Vers („. . . weislich aus dem Sinn geschlagen")
macht er ein bemerkenswertes Eingeständnis: daß er
nämlich bereits gegenüber dem Kinde eine Art Ver-
liebtheit empfunden haben mochte, gegen die er sich –
letztlich erfolgreich – zu wehren verstand. Das Spannungsreiche solcher Herzensverwirrungen und Gefühls-
verspanntheiten wußte er dann in einem ebenso einfachen wie schönen Sinngedicht auszusprechen. Man

könnte diese Verse auch als therapeutische Nachbe-
handlung seiner unausgesprochenen Neigung für Wilhelmine Herzlieb bezeichnen:

Zwei Worte sind es, kurz, bequem zu sagen,
Die wir so oft mit holder Freude nennen,
Doch keineswegs die Dinge deutlich kennen,
Wovon sie eigentlich die Stempel tragen.

Es tut gar wohl in jung und alten Tagen,
Eins an dem andern kecklich zu verbrennen;
Und kann man sie vereint zusammen nennen,
So drückt man aus ein seliges Behagen.

Nun aber such ich ihnen zu gefallen
Und bitte, mit sich selbst mich zu beglücken;
Ich hoffe still, doch hoff' ich's zu erlangen:

Als Namen der Geliebten sie zu lallen,
In e i n e m Bild sie beide zu erblicken,
In e i n e m Wesen beide zu umfangen.

Spätestens unter dem Eindruck dieser Verse wissen wir,
weshalb der Stoßseufzer „Minchen, mein Minchen" für
seine Freunde unüberhörbar wurde. Sie drücken das Gefühl von der Illusion des Schönen und zugleich deren
Vergeblichkeit aus, und suchen doch das Leid offen-
kundiger Hoffnungslosigkeit durch Euphorie zu mildern.
Denn eines stand Goethe – um seine eigenen Worte zu
zitieren – in schmerzhaft strahlenden Lettern vor Augen:
„Der Liebe Sehnsucht fordert Gegenwart".

Ach! Wie schmeichelt's meinem Triebe

Als Sechzehnjährige wurde die Schauspielerin und Tänzerin Marianne Jung in das elegante, hochherrschaftliche Haus des Frankfurter Bankiers Johann Jakob von Willemer aufgenommen. Es handelte sich um eine nach damaligen Maßstäben nicht ungewöhnliche Erziehung für ein Leben in feiner Gesellschaft. Zur Verheiratung mit dem 24 Jahre älteren Geldmann wurde die musisch begabte junge Frau erst acht Jahre darauf, man schrieb den September 1814, für tauglich befunden. Goethe begegnete Marianne einen Monat vor der Hochzeit. Nachdem Willemer, der mit Goethe bekannt war, Marianne geheiratet hatte, besuchte der Dichter das Paar auf deren Landsitz im Rheingau.

Für den 65jährigen begann damals die Zeit seiner großen Auseinandersetzung mit der Literatur des Ostens, die mit Aneignung und Anverwandlung einherging, vornehmlich der persischen Klassiker und deren leuchtendem Stern Hafis. Dessen nachgelassene Dichtungen, in der Übersetzung des Joseph von Hammer-Purgstall, gaben den Anstoß zu Goethes wohl schönstem lyrischen Spätwerk, dem „West-östlichen Divan". Divan, ein persisches Wort, bedeutet „Sammlung", „Versammlung" (der Mächtigen des Reiches usf.), aber eben auch „Liedersammlung", was in diesem Falle gemeint sein soll. Der „Divan" gehört zu den ganz wenigen gedanklich und thematisch gegliederten Gedichtzyklen der Weltliteratur, und – für dessen Autor völlig ungewöhnlich – eine Frau hat an ihm mit eigenständigen Beiträgen mitgewirkt, was erst posthum bekannt wurde: eben jene Marianne von Willemer, geborene Jung. Erst im Alter berichtete sie davon dem Germanisten Hans Grimm; die Welt hätte es sonst nie erfahren.

Der „Divan" birgt Offenbarungen der Liebe von bis dahin ungeahnter Schönheit und Delikatesse, und doch meint Hugo von Hofmannsthal: „Dieses Buch ist völlig Geist; es ist ein Vorwalten darin dessen, was Goethe das ‚obere Leitende' genannt hat, und so ist etwas entgegen, daß es nicht ins Breite beliebt und verstanden sein könne. Freilich sind Worte daraus in jedermanns Munde und Stücke daraus durch die Musik in jedermanns Ohr, aber als Ganzes ist es . . . wenig bekannt und in der Herrlichkeit seiner Zusammenfügung nicht von sehr vielen, dem Verhältnis nach, begriffen worden. Und doch ist es eine Bibel: eines von den Büchern, die unergründlich sind, weil sie wahre Wesen sind, und worin jegliches auf jegliches deutet, so daß des innern Lebens kein Ende ist . . ." Wie dem auch sei: Der „Divan" markiert eine neuerliche Wendung des Dichters zur Liebe als Kultus, im reinsten Sinne von Verehrung und Huldigung an innere wie äußere Schönheit. Die Wendung wird aufgehoben durch die Vollendung des Werkes selbst. Marianne wird er danach trotz deren inständigsten Bitten nicht wiedersehen. Doch bis zu seinem Tode hält er brieflichen Kontakt. Noch der 82jährige widmet ihr ein Gedicht, das mit dem Vers einsetzt: „Vor die Augen meiner Lieben . . ."

155

Im „Divan" übt sich der Dichter in allen Formen der Liebe: innigstes Verlangen nach der Schönen, spielerisches Haschen nach sinnlichen Erfahrungen, wiederum die homosexuelle Variante im „Schenkenbuch", zuletzt – im Nachlaß aufzusuchen – der Geruchsästhet:

> Herrlich bist du wie Moschus:
> Wo du warst, gewahrt man dich noch . . .

Die „braunen Locken" entnimmt Goethe mehrfach den Gedichten des Hafis, auch die Anspielungen auf Männerleidenschaften könnten verschiedentlich der persischen Poesie abgelauscht sein, etwa wenn der Schenke spricht:

> Du mit deinen braunen Locken,
> Geh mir weg, verschmitzte Dirne!
> Schenk ich meinem Herrn zu Danke,
> Nun, so küßt er mir die Stirne.

> Aber du, ich wollte wetten,
> Bist mir nicht damit zufrieden,
> Deine Wangen, deine Brüste
> Werden meinen Freund ermüden.

Es ist ein unablässiges Ziehen und Drängen, ein Verstellen und Offenbaren in diesen Versen, eine dunkle Sehnsucht selbst im Verweigern körperlicher Nähe verkündend:

Dichter
Laß mich jetzt, geliebter Knabe!
Mir will nicht die Welt gefallen,
Nicht der Schein, der Duft der Rose,
Nicht der Sang der Nachtigallen.

Schenke
Eben das will ich behandeln,
Und ich denk, es soll mir klecken;
Hier! Genieß die frischen Mandeln,
Und der Wein wird wieder schmecken.

Dann will ich auf der Terrasse
Dich mit frischen Lüften tränken;
Wie ich dich ins Auge fasse,
Gibst du einen Kuß dem Schenken.

Der liebeselige, sich gegenseitig anziehende wie ab-
stoßende Dialog der Sinnlichkeit findet im „Divan" so
bald kein Ende. Der Schenke, in Person eine Metapher
für Rausch und Verführung, bedrängt den Dichter ein
ums andere Mal:

Nennen dich den großen Dichter,
Wenn dich auf dem Markte zeigest;
Gerne hör ich, wenn du singest,
Und ich horche, wenn du schweigest.

Doch ich liebe dich noch lieber,
Wenn du küssest zum Erinnern;
Denn die Worte gehn vorüber,
Und der Kuß, der bleibt im Innern.

Und daß die Annäherungen ernst gemeint sind, erfahren wir am Ende des so auskunftsreichen Schenkenbuches, doch beinahe nur nebenbei:

Der Schenke (schläfrig)
So hab ich endlich von dir erharrt:
In allen Elementen Gottes Gegenwart.
Wie du mir das so lieblich gibst!
Am lieblichsten aber, daß du liebst.

Hatem [hier gleichbedeutend mit dem Dichter]
Der schläft recht süß und hat ein Recht zu schlafen.
Du guter Knabe hast mir eingeschenkt,
Vom Freund und Lehrer, ohne Zwang und Strafen,
So jung vernommen, wie der Alte denkt.
Nun aber kommt Gesundheit holder Fülle
Dir in die Glieder, daß du dich erneust.
Ich trinke noch, bin aber stille,
Damit du mich, erwachend nicht, erfreust.

„So jung vernommen, wie der Alte denkt" – eine vielsagende, jedenfalls mehrdeutige Bemerkung, die auf frühe Erfahrungen mit dem Knabenleibe hindeutet. Selbst im „Buch Suleika", explizit Marianne gewidmet, der Goethe herzlich zugetan war, spielt der Dichter mit der Doppeldeutigkeit der Geschlechterbeziehungen:

Freude des Daseins ist groß,
Größer die Freud am Dasein.
Wenn du, Suleika,
Mich überschwenglich beglückst,
Deine Leidenschaft mir zuwirfst,

Als wärs ein Ball,
Daß ich ihn fange,
Dir zurückwerfe
Mein gewidmetes Ich:
Das ist ein Augenblick!
Und dann reißt mich von dir
Bald der Franke, bald der Armenier.

Der intimste Ausdruck der Liebe zwischen Goethe und
Marianne von Willemer, Zeugnis bis in unsere Tage, dokumentiert sich in einem Paar sehr fein mit arabischen
Lettern bestickter Pantoffeln, wir vermuten wohl richtig:
für den „lieben alten Herrn", den Marianne in ihrer grenzenlosen Phantasie sich gleichwohl als feurigen Liebhaber vorgestellt haben mag:

Nimmer will ich dich verlieren!
Liebe gibt der Liebe Kraft.
Magst du meine Jugend zieren
Mit gewaltger Leidenschaft . . .

Die Ernüchterung folgt auf dem Fuße, mit der Hinwendung zu Liebe, Leben – Geist!

Ach! Wie schmeichelts meinem Triebe,
Wenn man meinen Dichter preist:
Denn das Leben ist die Liebe,
Und des Lebens Leben Geist.

Mich nennt die Stadt, mich nennt die Gegend spröde

Es kann kein Zufall sein, daß Goethe in dem einzigen Fall der Beschreibung eines sexuellen Erlebnisses mit einer Frau, infolge akuter Impotenz, in spielerischen Ansätzen steckenbleibt. Der Beischlaf, den sich die (Ich?-)Figur im 24-strophigen Gedicht „Das Tagebuch" herbeisehnt, findet nicht statt; es bleibt wiederum allein beim Betrachten weiblicher Schönheit, bei galanten Umarmungen und leichten Berührungen.

„Das Tagebuch", aus dem nicht klar hervorgeht, ob der Dichter sich selber meinte, als er es niederschrieb, ist als mehr oder weniger ernste Auseinandersetzung mit sittlichen Prinzipien in der Ehe gedeutet worden. Es kommt aber doch nur im Gewande eines ironischen Moraltraktats daher, wenn man gleich in der ersten Strophe liest:

> Das Beste bleibt, wir geben uns die Hände
> Und nehmens mit der Lehre nicht empfindlich;
> Denn zeigt sich auch ein Dämon, uns versuchend,
> So waltet was, gerettet ist die Tugend.

Man könnte auch sagen: Tugend ist nur Mangel an Gelegenheit. Und letzterer wird der Liebhaber in actu durch den widrigen Umstand momentaner Impotenz beraubt.

Zunächst aber erscheint Verführung am Werke durch eine Schöne, die den Reisenden beim Auftragen des Abendbrots von seinen Tagebuchaufzeichnungen wegreißt, indem sie ihn durch ihre Armbewegungen sexuell stimuliert: „Bewegend Hand und Arm, geschickt, geschickter . . ." Das „schöne Kind", ganz dazu angetan, den Gast zu entzücken wie zu verwirren, rechtfertigt ihre wachsende Bereitschaft zum Liebesspiel umständlich mit Bemerkungen über ihre bisher unerschütterliche Keuschheit:

Der Schein ist wider mich; sonst war ich blöde,
Stets gegen Männer setzt ich mich zur Wehre.
Mich nennt die Stadt, mich nennt die Gegend spröde;
Nun aber weiß ich, wie das Herz sich kehre:
Du bist mein Sieger, laß dichs nicht verdrießen,
Ich sah, ich liebte, schwur, dich zu genießen.

Was macht der Mann daraus? Sein Voyeurismus ergreift abermals Besitz von ihm, mehr Fragen aufwerfend als Antworten erteilend:

Wie keusch sie mir, mit liebevollem Fügen,
Des süßen Körpers Fülleform gewährte!
Entzückt und froh in allen Zügen
Und ruhig dann, als wenn sie nichts entbehrte,
So ruht' ich auch, gefällig sie beschauend,
Noch auf den Meister hoffend und vertrauend.

Doch der verweigert ihm seinen Dienst („mich selbst verwünschend, grinsend mich belachte"): Es half alles nichts, die schöne Gelegenheit war vertan, denn das Ob-

jekt seiner Begierde fällt in einen süßen Schlummer, und
– o Tragik der Umstände! – „an die Wand gedrückt, ge-
quetscht zur Hölle, ohnmächtig jener, dem sie nichts ver-
wehrte . . .“

Niemals wieder hat Goethe die Komik eines vergleichbaren Mißgeschicks treffender dargestellt – gleichwohl setzt sich bei dem verhinderten Liebhaber die holde
Rücksicht durch, die für sein Wesen so bezeichnend ist:
„Er hält den Atem, sie nicht aufzuregen“. Zwar nennt der
Autor die männliche Person im Gedicht einmal den „Reisenden“, ein andermal den „Wandrer“ (womit er sich
selbst meinen könnte), doch ist die Beschreibung dann
doch wieder nicht konsequent auf ihn gemünzt. Wenn er
im zweiten Teil des „Tagebuchs“ auf die (Ehe-)geschichte
zu sprechen kommt: „Als deine Herrin dir zum ersten
Male, vors Auge trat im prachterhellten Saale“ – dies
könnte noch eine autobiographische Anspielung sein,
auch noch der Vers „Brautleute wurden wir im frühen
Jahre“, sofern man „Brautleute“ nicht im kanonischen
Sinne nimmt. Doch wenn er dann dichtet:

> Und als ich endlich sie zur Kirche führte,
> Gesteh ich's nur, vor Priester und Altare,
> Vor deinem Jammerkreuz, blutrünstiger Christe,
> Verzeih mir's Gott, es regte sich der Iste.“

Da stimmt wohl nur das Wörtchen „endlich“ im ersten
Vers. Abgesehen davon, daß Goethe sich mit seiner Christiane erst nach 18 Jahren des Zusammenlebens in der
Sakristei der Weimarer Jakobskirche trauen ließ, muß er
nach den Vorkommnissen, die ihn dazu veranlaßten (le-
bensbedrohliches Eindringen von Soldaten in sein

Haus), eher mit Angstzuständen, körperlicher Schwä-
che, vielleicht gar Krankheit gekämpft haben. Sexuelle
Erregung erscheint daher höchst unwahrscheinlich.
Folglich könnte das Ganze ein reines Phantasieprodukt
sein, freilich mit typischen Merkmalen Goetheschen
Empfindens geschmückt, wie in der folgenden Strophe:

> Er neigt sich hin, er will die Schläferin küssen,
> Allein er stockt, er fühlt sich weggerissen.

Reimt sich dieser Doppelvers nicht wieder auf seine ka-
tegorische Feststellung: „Die Begattung zerstört die
Schönheit, und nichts ist schöner als bis zu diesem Augenblick"?

Lob „töchterlicher Gesinnungen"

Goethe, 74 Jahre alt, von einer schweren Krankheit (Herzbeutelentzündung) genesen, hat damit begonnen, die alljährlichen Kuraufenthalte in den böhmischen Bädern immer weiter auszudehnen. Wir schreiben 1823; zwei Jahre zuvor hat er das Adelsfräulein Theodore Ulrike Sophie von Levetzow in Marienbad kennengelernt. In einem von drei erhaltenen Briefen an Ulrike – durchgehend mit der Anrede „Sie" versehen – weiß der Dichter deren „töchterlichen Gesinnungen" nicht hoch genug zu preisen.

Dahinter verbirgt sich natürlich ein diskreter Annäherungsversuch, den Ulrike zunächst tapfer ignoriert und dann bis in ihr hohes Alter als eine schöne Erinnerung bewahrt. Als im Spätsommer 1823 – Ulrike ist damals 19 Jahre alt – bei Goethe der Erklärungsnotstand eintritt, scheint die Katastrophe unaufhaltsam: Einer bis dahin unerklärten, auch kaum erklärbaren Liebesleidenschaft verfallen, bittet Goethe den Freund Carl August, bei Ulrikes Mutter um die Hand der Tochter anzuhalten. Ein Auftrag, den der treue Weimarer Herzog und Gefährte seines Lebens, in Erfüllung eines offenbar eindringlichst ausgesprochenen Herzenswunsches, auch tatsächlich ausführt. Womit das Seelendrama seinen Lauf nimmt. Ulrikes Mutter greift ohne lange zu überlegen, ja in größter Hast das Gepäck der Tochter wie ihr eigenes, um ohne weitere Darlegungen gegenüber Ulrike die Heimreise anzutreten. Goethe selbst ist gleichfalls konsterniert, vielleicht auch nur erschrocken ob der Wirkung seiner Gefühlsoffenbarungen – und reist ebenfalls ab. Als sei ein Gewitter über dem friedvollen Kurstädtchen niedergegangen, ist auf einmal alles in Bewegung, wie aufgescheucht, zerrissen von widerstreitenden Empfindungen – eine dramatische Opernaufführung hätte sich keinen eindrucksvolleren Höhepunkt wünschen können.

Goethe, der Schauspieler, liebt die effektvollen Auftritte und Abgänge, Selbstinszenierungen gehören zu seinen Spezialitäten. Hier wird eine Liebe benannt, auf ihren Zenit geführt und gleich wieder ins Nichts verdammt, die eigentlich nur im Kopfe des Liebenden existierte. Oder vielleicht doch in dessen Herz tief eingeschlossen war? Die Frage ist unbeantwortbar. Am 5. September 1823 notiert Goethe im Tagebuch: „Früh alles gepackt ... allgemeiner, etwas tumultuarischer Abschied ... Abgefahren nach 9 Uhr ... Halb 1 Uhr in Zwotau ... Abschrift eines Gedichtes. Nach 5 Uhr in Hartenberg. Vielfache Unterhaltung mit dem Grafen ...“

„Abschrift eines Gedichtes“ – typisch für ihn, kaum vergangen, setzen die Untertreibungen ein, manchmal sind es gar Abwertungen: „eines“ Gedichtes. Die „Elegie“, wie das am Ende 23 Strophen umfassende Werk betitelt ist, wird zu einer der wirkungsmächtigsten lyrischen Hervorbringungen seines Alterswerks; zu einer „Sternstunde der Menschheit“ hat Stefan Zweig sie hochstilisiert. Doch Goethe ist in diesen Stunden, mittlerweile Tagen, die ihn von den Bädern trennen, wiederum zur

165

Selbsttherapie seelischer Leiden übergegangen, von denen so recht niemand Notiz genommen zu haben scheint, außer bei dem Eklat, den Carl August unfreiwillig bei der Gräfin auslösen mußte. Goethe ist mit sich und seiner Sphäre, in die niemand eindringen darf, nunmehr ganz allein – die sogenannte Liebe zu Ulrike, dem „Kinde" und „Töchterchen", war ein verzweifelter Ausbruchsversuch, die Einsamkeit für einen Augenblick der Harmonie aufzuheben ...

Der Erlösungsgedanke verfolgt und erhebt ihn zugleich, und deshalb kann er auf einmal wieder Gedichte schreiben, zwischen halbamtlichen Gesprächen, Fachsimpeleien über Geologie und Botanik, dutzenden Briefaus- und eingängen sowie Naturbetrachtungen bei Spazierfahrten in Begleitung böhmischer Kurbekanntschaften:

So warst du denn im Paradies empfangen,
Als wärst du wert des ewig schönen Lebens;
Dir blieb kein Wunsch, kein Hoffen, kein Verlangen,
Hier war das Ziel des innigsten Bestrebens.
Und in dem Anschaun dieses einzig Schönen
Versiegte gleich der Quell sehnsüchtiger Tränen.

Ein Stoff, wie geschaffen für Spekulationen, Mutmaßungen und Übertreibungen, sämtlich um eine vorgestellte Beziehung zwischen dem Geheimrat und seinem „Töchterchen" kreisend. Dabei bewegt sich das Gedicht, dessen Ausarbeitung und Abschriften in den Tagebuchnotizen des September 1823 gleich dutzendfach erwähnt werden, überwiegend im Allgemeinen einer freilich mehrschichtigen Gefühlsbeschreibung – die „Ge-

166

liebte" wird dagegen nur in einer einzigen Stanze (die „Elegie" besteht aus sechszeiligen Stanzen) angedeutet, kaum geschildert:

Wie leicht und zierlich, klar und zart gewoben
Schwebt seraphgleich aus ernster Wolken Chor,
Als glich es ihr, am blauen Äther droben
Ein schlank Gebild aus lichtem Duft empor;
So sahst du sie in frohem Tanze walten,
Die lieblichste der lieblichsten Gestalten.

Nur ein Vergleich, doch wie stark muß sein Sehnen nach Erfüllung des Unerfüllbaren gewesen sein! In dem Verlangen, sich mit dem Mädchen Ulrike vermählt zu sehen, das mehr als ein Menschenalter jünger als er selbst gewesen ist, kommt die ganze Absurdität seines verzweifelten Ringens um eine ausgeglichene Existenz zum Ausdruck. So schwankt auch der Brief an Ulrikes Mutter, den der hoffnungslose „Liebhaber" schon wenige Tage nach seinem überstürzten Aufbruch schreibt, zwischen dem Gefühl des Verletztseins und trotziger Zuversicht: „Und wenn ich mich nun zu der Tochter wende, so geht es mir ebenso [gemeint ist ein Gefühl der Dankbarkeit für schöne Stunden]; doch da sie selbst mit Worten nicht freigebig sein mag, so verzeiht sie mir wohl, wenn ich [mich] diesmal auch zurückhalte. Doch wenn mein Liebling (wofür zu gelten sie nun einmal nicht ablehnen kann) sich manchmal wiederholen will, was sie auswendig weiß, das heißt das Innere meiner Gesinnung, so wird sie sich alles besser sagen als ich in meinem jetzigen Zustand vermöchte." Dann gespielt beiläufig – in Wahrheit vom Empfinden zeugend, tief gekränkt zu sein – der Nachsatz: „Dabei, hoff ich, wird sie nicht ableugnen, daß es eine hübsche Sache sei, geliebt zu werden, wenn auch der Freund manchmal unbequem fallen möchte."

„Unbequem" ist hier wohl nicht das rechte Wort; der Briefautor meint natürlich „aufdringlich", was die wohlerzogene Ulrike nicht so empfunden haben wird. Das Fräulein von Levetzow verstand vielmehr nicht, was der Geheimrat mit seinen Aufmerksamkeiten bezweckte; an Liebe dachte es dabei gewiß nicht. Ulrike hat sich erst sehr spät im Leben (sie starb unverheiratet im Alter von 96 Jahren) über ihre Begegnungen mit dem „lieben alten Herrn" geäußert, ebenso leidenschaftslos wie lapidar, und von Liebe ist dabei nicht die Rede.

Dies hat indes nicht verhindern können, daß sich immer wieder Autoren über die Marienbader Affäre mittels Lyrik und Prosa hergemacht haben, in den zwanziger Jahren mit beträchtlichem Erfolg eine Toni Schwabe mit „Ulrike", einem „Roman von Goethes letzter Liebe". Kitsch ist erlaubt, zuweilen sogar unschädlich, selbst wenn er sich oft unerträglich liest wie dieser Absatz aus einem, natürlich erfundenen Abschiedsbrief an sein „geliebtes Kind": „Ich fühle es nun selber, daß diese letzte holde Blüte meines Seins nicht dazu bestimmt war, Frucht zu werden. Erst heute weiß ich, was alle Gassen wissen: daß Jugend nur zu Jugend gehört. Verzeih mir, daß ich nicht früher daran dachte: erst heute fühle ich, daß ich selber alt bin . . ."

Die „Gartenlaube" läßt grüßen, und eine bürgerliche Goethe-Adaption, die diesen Ton ungefähr bis in die sechziger Jahre beibehalten, und mit der erst eigentlich Richard Friedenthals Goethe-Biographie gebrochen hat.

Die Ulrike-Affäre läßt den großen alten Mann noch einsamer zurück. Nie wieder wird er ein Gefühl von Schwärmerei und Liebe zu Frauen in sich aufkommen lassen. Was es da noch an Berührungsängsten gegeben haben mag, ist im Wahn, sich zunehmend Irrtümern ausgesetzt zu sehen, untergegangen. Er wird nun sicherer im Verweigern weiblicher Anziehungskraft, und einer seiner Lieblingsbegriffe – „Entsagung" – gewinnt vollends Gewalt über ihn. Beim Abdruck der „Elegie" in der Ausgabe letzter Hand umgibt er das schöne Gedicht mit den Erinnerungsversen „An Werther", anläßlich des 50. Jahrestages der Erstausgabe des epochemachenden Briefromans durch Weygand, und der „Aussöhnung", die der Petersburger Hofpianistin Maria Szymanowska zugeeignet war. Mit der „Aussöhnung" erkennt er spät, aber noch rechtzeitig, daß allein ästhetisches Behagen ihm Rettung bieten kann angesichts des stupor vitae – so wie Nietzsche ein halbes Jahrhundert später schreiben wird, „daß nur als ästhetisches Phänomen das Dasein der Welt gerechtfertigt ist". Mit „ew'ger Schöne" bezeichnet es der Meister, „des Menschen Wesen durch und durch zu dringen":

Die Leidenschaft bringt Leiden! – Wer beschwichtigt
Beklommnes Herz, das allzu viel verloren?
Wo sind die Stunden, überschnell verflüchtigt?
Vergebens war das Schönste dir erkoren!
Trüb' ist der Geist, verworren das Beginnen;
Die hehre Welt, wie schwindet sie den Sinnen!

Da schwebt hervor Musik mit Engelschwingen,
Verflicht Millionen Tön' um Töne,
Des Menschen Wesen durch und durch zu dringen,
Zu überfüllen ihn mit ew'ger Schöne:
Das Auge netzt sich, fühlt im höhern Sehnen
Den Götterwert der Töne wie der Tränen.

Und so das Herz, erleichtert, merkt behende,
Daß es noch lebt und schlägt und möchte schlagen,
Zum reinsten Dank der überreichen Spende
Sich selbst erwidernd willig darzutragen.
Da fühlte sich – o daß es ewig bliebe! –
Das Doppelglück der Töne wie der Liebe.

Ich mag sie gerne sehn die allerliebsten Jungen

Mit dem fünften Akt des „Faust II" wird das letzte Kapitel in Goethes erotischer Vita aufgeschlagen. Das große Vermächtnis für eine Nachwelt, von welcher der Dichter nicht anzugeben wagt, wie sie gerade auf dieses Werk reagieren wird, besteht aus vielen Aspekten, die sich auf einen Nenner bringen ließen: „Verwirrende Lehre zu verwirrenden Handel waltet über die Welt"; das schreibt er in seinem letzten Brief überhaupt, er ist an den Freund Wilhelm von Humboldt gerichtet.

An der Verwirrung der Nachlebenden war Goethe selber lebhaft beteiligt, vornehmlich mit diesem unspielbaren Lesestoff aus tragikomischen Parabeln, possenhaften Übertreibungen, düsterem Wahngebilde, Phantastik und zynischer Dialektik – und natürlich den erotischen Metaphern, jenen „ernsten Scherzen", die der Dichter glaubte den Mitlebenden nicht zumuten zu dürfen. Einer dieser Scherze ist die homoerotische Szene (Großer Vorhof – Grablegung), in der Mephisto sich diabolisch-sinnlich wechselweise mit den Satanen, die er „ärschlings in die Hölle" fahren sieht, und mit dem Chor der Engel auseinandersetzt:

Mephistopheles
Mir brennt der Kopf, das Herz, die Leber brennt,
Ein überteuflisch Element!
Weit spitziger als Höllenfeuer. –
Drum jammert ihr so ungeheuer
Unglückliche Verliebte! die, verschmäht,
Verdrehten Halses nach der Liebsten späht.

Das ist die Ausgangsposition, in der sich Mephisto mit
den Gewalten des Himmels wie der Hölle konfrontiert
wähnt und dabei trotzig auf seiner Stelle zu verharren
sucht. Dann plötzlich wendet sich das Blatt, die Szene
wandelt sich zur verführerisch-lockenden Gestalt, ein
Monolog hebt an, ziemlich überraschend, da zuvor leb-
haftester Streit herrschte:

Auch mir! Was zieht den Kopf auf jene Seite?
Bin ich mit ihr doch in geschwornem Streite?
Der Anblick war mir sonst so feindlich scharf.
Hat mich ein Fremdes durch und durch gedrungen,
Ich mag sie gerne sehn die allerliebsten Jungen;
Was hält mich ab, daß ich nicht fluchen darf? –
Und wenn ich mich betören lasse
Wer heißt denn künftighin der Tor?
Die Wetterbuben, die ich hasse
Sie kommen mir doch gar zu lieblich vor. –

Von Vers zu Vers läßt sich die gewollte, ja systematische
Steigerung der Empfindungen verspüren; in deren Ge-
folge wird die Befreiung von selbstauferlegten Zwängen
sichtbar:

Ihr schönen Kinder laßt mich wissen:
Seid ihr nicht auch von Luzifers Geschlecht?
Ihr seid so hübsch, fürwahr ich möcht euch küssen;
Mir ists als kommt ihr eben recht.
Es ist mir so behaglich, so natürlich
Als hätt' ich euch schon tausendmal gesehn,
So heimlich-kätzchenhaft begierlich;
Mit jedem Blick aufs neue schöner schön.

Mephisto schwankt zwischen Zorn über die Unverfro-
renheit, die in der nahenden, fast unabwendbaren Verführung durch die „allerliebsten Jungen" bestehen mag,
und der Bereitschaft, sich nun ungehemmt der Orgie an-
zuschließen:

Ihr scheltet uns verdammte Geister
Und seid die wahren Hexenmeister;
Denn ihr verführet Mann und Weib. –
Welch ein verfluchtes Abenteuer!
Ist dies das Liebeselement?
Der ganze Körper steht in Feuer,
Ich fühle kaum, daß es im Nacken brennt. –
Ihr schwanket hin und her, so senkt euch nieder,
Ein bißchen weltlicher bewegt die holden Glieder;
Fürwahr, der Ernst steht euch recht schön.
Doch möcht' ich euch nur einmal lächeln sehn;
Das wäre mir ein ewiges Entzücken.
Ich meine so wie wenn Verliebte blicken,
Ein kleiner Zug am Mund so ists getan.
Dich langer Bursche dich mag ich am liebsten leiden,
Die Pfaffenmiene will dich gar nicht kleiden,
So sieh mich doch ein wenig lüstern an!

Auch könntet ihr anständig-nackter gehen,
Das lange Faltenhemd ist übersittlich –
Sie wenden sich – Von hinten anzusehen! –
Die Racker sind doch gar zu appetitlich.

Die Szene ist gleichermaßen realistisch wie deftig, auch
komisch-übertreibend, in ihren Anspielungen auf homoerotische Obsessionen bei Goethe nicht mehr überraschend. Und doch ist sie in ihrer nun keinerlei Rücksichten mehr übenden Offenheit einzigartig. Der Dichter
referiert eigene Empfindungen, Sehnsüchte, körperliches Verlangen – ungehemmt. Keine Frage: Das durfte
nicht an die Öffentlichkeit. Er läßt ja keinen Zweifel
daran, daß er sich selbst mit der Figur des Mephisto iden-
tifiziert, wie in der bitteren Lebensbilanz wenige Verse
darauf hinreichend deutlich wird:

Bei wem soll ich mich nun beklagen,
Wer schafft mir mein erworbenes Recht?
Du bist getäuscht in deinen alten Tagen,
Du hasts verdient, es geht dir grimmig schlecht.
Ich habe schimpflich mißgehandelt,
Ein großer Aufwand, schmählich! ist vertan,
Gemein Gelüst, absurde Liebschaft wandelt
Den ausgepichten Teufel an.
Und hat mit diesem kindisch-tollen Ding
Der Klugerfahrne sich beschäftigt,
So ist fürwahr die Torheit nicht gering
Die seiner sich am Schluß bemächtigt.

Wann Goethe für sich beschloß, das Manuskript des
„Faust“-Dramas zweiter Teil nicht mehr zu Lebzeiten zu

publizieren, ist nicht eindeutig geklärt. Wir wissen aber, wann und wem gegenüber er diese vielsagende Entscheidung bekanntgab. Ins Vertrauen zog er beispielsweise den um einige Jahrzehnte jüngeren, anhänglichen Freund und Kunstsammler Sulpiz Boisserée. Beim feierlichen Versiegeln des Manuskripts im November 1831 sprach er davon, daß er dies tue, weil er – verzweifelnd – „auf die nächste unmittelbare Teilnahme" der Mitlebenden Verzicht leisten wolle. Eine ungewöhnliche Begründung aus dem Munde eines Autors von Weltrang, der Texte bereits gedruckt sah, noch bevor sie vollendet waren und schon das Verlagshonorar in seinen Händen lag.

Eine weitergehende Erklärung zur Sache gibt Goethe an jenem denkwürdigen Tage mit einem Hinweis auf die Nachwelt ab, an der er gleichwohl lebhaftes Interesse anmeldet: „Mein Trost ist jedoch, daß gerade die, an denen mir gelegen sein muß, alle jünger sind als ich, und seiner Zeit das für sie Bereitete und Aufgesparte zu meinem Andenken genießen werden." Die „sehr ernsten Scherze", welche der Tragödienabschluß enthalte, seien für einen Publikationsverzicht zu Lebzeiten maßgebend gewesen. Er habe sie nicht herausnehmen wollen, nachdem sie einmal verfaßt wurden.

Beim ersten Teil des „Faust" hatte Goethe sich vorsorglich im Druck und in der Textgestalt für die Bühne einer Selbstzensur unterworfen. Von solchen Rücksichten wollte er jetzt nichts mehr wissen, weshalb sein Veröffentlichungsverzicht im nachhinein nur konsequent erscheint.

Denn er hielt ganz offensichtlich seine Epoche, aus der er schon in wenigen Monaten nach dieser Entscheidung für immer heraustreten würde, für nicht reif, nicht offen und aufnahmefähig. Eine spätere werde ihn freundlicher empfangen, mag der Alte wohl gehofft haben, dabei auf die „Jüngeren" vertrauend. Wie schwer es jedoch der nächsten Generation gefallen ist, das „Faust II"-Vermächtnis zu verarbeiten und zu adaptieren, zeigt sich wohl auch daran, daß der zweite Teil des „Faust" ein Vierteljahrhundert darauf warten mußte, auf die Bühne gebracht zu werden.

Epilog

Gott erschuf die Liebenden.
Goethe die Liebe.

Ich schulde dem Leser eine Erklärung.
Und dies aus mindestens zwei Gründen: Zum ersten
basiert dieses Buch auf dem Entwurf eines „Kompendi-
ums der Liebe", das möglichst lückenlos Goethes Verhalten in Liebesdingen dokumentieren sollte. Bei der
Suche nach geeignetem Material stieß ich auf seine bisher viel zu wenig beachteten homoerotischen Neigungen.
Sie sind forschenden Goetheanern zwar nicht ganz unbekannt, doch wurde dieser wesentliche Aspekt seiner
vita erotica bis zum heutigen Tage kaum dargestellt und
kommentiert. Daraus ergab sich zum zweiten, daß ich
mich vorzugsweise diesem Thema widmen mußte, um
später wenigstens eine Ahnung dessen vermitteln zu können, was es mit Goethes Liebe zu Männern auf sich habe
– und was ihm infolgedessen Frauen noch bedeuten
konnten, mit denen ihn die Legende seines Liebeslebens
überreichlich umgibt.

Dem möglichen Einwand, es könne uns gleichgültig
sein, welchen erotischen Neigungen und Phantasien ein
Dichter, der Künstler überhaupt, nachzugehen pflegt,
möchte ich entschieden mit dem Hinweis entgegentre-
ten, daß Goethe nicht als irgendein Schriftsteller, son-

177

dern unbestreitbar als d e r Schöpfer abendländischer Liebespoesie gesehen werden darf, jedenfalls in der Neuzeit. Folglich kann es den Leser seiner Werke nicht unberührt lassen, w i e er tatsächlich fühlte, Frauen wie Männern gegenüber. Und hier geben ja bereits seine oft hingebungsvollen Briefe an Freunde indirekt Aufschluß auch über seine Beziehungsfähigkeit oder vielmehr -unfähigkeit gegenüber dem weiblichen Geschlecht.

Unzweifelhaft wirkte Goethe – was ihm durchaus bewußt schien! – auf Männer attraktiv, spirituell wie sexuell, was sich neben vielen anderen auch an dieser Briefzeile von Fritz Jacobi an den geliebten Freund ablesen läßt: „Lieber, ich bebe vor dem Drängen zu dir hin, wenn's mich so ganz faßt". Das ist keine poetische Metapher, sondern erlittene, jedenfalls gelebte Realität. Umgekehrt bildet die Anziehungskraft von Männern auf den Dichter, welcher er nur mit widerstrebender Geste nachzugeben wagte, das eigentliche, freilich weitgehend uneingestandene Element seines auch sonst oft verworrenen Gefühlslebens. Goethes Ausdrucksweise gegenüber Männern, das fällt auf, ist allerdings überraschend deutlich. Er vermeidet es, wie er es andernorts liebt, in Rätseln zu sprechen. Beim Thema ‚Männer' wird er authentisch, darüber zuweilen mit kategorischer Unbedingtheit redend und schreibend, wie etwa in den „Wahlverwandschaften": „Der Mann verlangt den Mann; er würde sich einen zweiten erschaffen, wenn es ihn nicht gäbe: eine Frau könnte eine Ewigkeit leben, ohne daran zu denken, sich ihresgleichen hervorzubringen."

Frauen hat er, ohne Zahl und – wie vielfach nachgewiesen – nur im Plural ‚geliebt', vornehmlich und stellvertretend angedichtet. Männer indessen gewannen für

ihn schicksalhafte Bedeutung. Seine besten Eigenschaften treten darin hervor; er kann liebevoll, zärtlich, oft
hymnisch im Bewundern, Verlangen, in der Hingabe sein.
Goethe liebt Männer – gleichgültig in welchem Lebens-
alter – mit der Inbrunst dessen, der sich erstmals dieses
unabweisbaren Gefühls gewahr zu werden scheint, niemals in der Pose vermeintlicher Routine, mit welcher der
Student so penetrant gegenüber jungen Frauen kokett-
tierte. Auch niemals nur in experimenteller Absicht, wie
bei Charlotte von Stein, und nicht nur spielerisch, und
vor allem nicht in konventioneller Weise, dem als trüge-
risch erkannten Weg zur Glückseligkeit, den er zum
Modell für den gefahrlosen Umgang mit Frauen herab-
stufte.

Gefahren lauerten dagegen bei seinen Freundschaften
mit Männern allerwegen, gesellschaftlich und mensch-
lich, was mögliche Enttäuschungen betraf. Selbst nach
„Trennungen", meist durch Heirat oder räumliche Di-
stanzen bedingt, konnte daher innigste Anteilnahme am
ferneren Schicksal der Freunde niemals ausbleiben oder
gar verlöschen. Eine der engsten Verbindungen hielt
Goethe in dieser Hinsicht mit Fritz Jacobi aufrecht. Es
muß zwischen den beiden eine ganz ungewöhnliche Vertrautheit, körperliche Berührungen eingeschlossen, bestanden haben. Kaum jemals ist er nämlich in einem so
privaten, anrührenden Ton auf familiäre Veränderungen
eingegangen wie in einem Brief (vom 31. 10. 1794) an
eben den „lieben Fritz": „. . . dass du dein liebes Pempelfort verlassen habest und nach Hamburg gegangen
bist, es war mir schmerzlich als wenn ich mit dir hätte
auswandern sollen. Nur der Gedanke, dass du soviel in
dir selbst hast und deinen Auszug würdest vorbereitet

Aus Goethes Sammlungen: zwei antike griechische Priapea mit Phallusdarstellungen.

haben, machte mir die Vorstellung erträglich . . ."
Während Goethe in diesen Zeilen authentische Empfindungen preisgibt, vergißt er gegenüber Frauen bei ähnlichen Gelegenheiten keinen Augenblick, daß er der große Schriftsteller ist, von dem man eine kleine Lebensweisheit erwarten darf. Beispielsweise in seinem Begleitschreiben an Marianne von Willemer anläßlich der Rückgabe ihrer Briefe im Februar 1832: „. . . den Tag zu sichern und zu schmücken wie möglich und dem Dulden sogleich eine Tätigkeit entgegenzusetzen, so bleiben Sie wie ich unwandelbar in freundlichster Neigung." Das ist Literatur, doch verrät sie mitnichten privates Interesse an der Adressatin. Es ließen sich dagegen, einiges davon habe ich im Buche mitgeteilt, Beispiele ohne Zahl anführen, die seine Herzensbildung gerade in den Beziehungen zu Männern belegen. Und so verhält es sich ja überhaupt mit der Liebe bei ihm, sie ist niemals nur Literatur und keineswegs Drapierung von Gefühlen, die er sonst nicht ausdrücken möchte. Lieben erscheint ihm noch dringlicher, ja notwendiger als selbst das Schreiben. Liebesgedichte habe er ohnedies „nur dann geschrieben, wenn ich wirklich liebte". Mit systematischer Pflege von Hochgefühlen der Harmonie hat das nichts zu tun. Denn er konnte ebenso gern und oft zornig sein, in seinen besten Stunden übrigens, nur: hassen, das vermochte er nicht. Ebenso wie ihm die Empfindung des Neides völlig abging, vermutlich Ausdruck seiner grenzenlosen „Naivetät", wie er das nannte: im höchsten Grade unbefangen und offen für jegliche neue Erfahrung im Leben zu sein. Er mischt sich nicht, wie man oft beobachtet hat, ins Leben ein – Anlaß übrigens für mannigfaltige Kritik an dem ‚Über'menschlichen, der von gewöhnlichen Din-

gen angeblich unberührt bleibt. Er schaut das Leben an, oft tief in es hinein, und das mit reinem Herzen. Seine im Alter gravitätische Unbewegtheit hat viele seiner Bewunderer verwirrt und zu der falschen Annahme verleitet, er stehe möglicherweise dem Dasein vornehmlich einfacher Menschen teilnahmslos gegenüber. Seine Schwiegertochter Ottilie hat das genaue Gegenteil empfunden, und uns „Vater" Goethe als einen mitfühlenden, und dabei eher scheuen, bescheidenen und furchtsamen Mann beschrieben.

„Es war eben alles ganz anders", wären wir heute berechtigt zu sagen, und doch haben seine Leser, Denkmalpfleger und Adepten, erst recht aber die zahllosen posthum auftretenden Gralshüter es vermocht, uns ein vielfach schiefes Bild seiner Person und seines Wesens zu vermitteln. Goethe hat das gewußt, es milde belächelnd, wie so manches in seinem Leben, seine Zeit oder die Nachwelt betreffend. Im „Divan" heißt es schon:

Mich nach- und umzubilden, mißzubilden,
Versuchten sie seit vollen fünfzig Jahren.
Ich dächte doch, da konntest du erfahren,
Was an dir sei, in Vaterlandsgefilden.
Du hast getollt in dieser Zeit mit wilden,
Dämonisch genialen jungen Scharen,
Dann sachte schlossest du von Jahr zu Jahren,
Dich näher an die Weisen, Göttlich-Milden.

Goethe, der sich zu seinem Dämon stets bekannte und an dem Glauben schicksalhafter Bestimmtheit des Menschen ein Leben lang festhielt, konnte sich nicht dagegen zur Wehr setzen, immer wieder um- und nachgeformt zu werden, wie es die Zeiten geboten oder die jeweilige Mode verlangte.

Als einer dieser zwar hochverdienten, doch von merkwürdigen Reuegefühlen gegenüber seiner Religion heimgesuchten Gralshüter des Goetheschen Erbes zeigte sich in seinen späten Jahren Ernst Beutler.

Während der verdienstvolle Forscher, immerhin, 1932 noch einen unverstellten mutigen Blick auf die Persönlichkeit des Dichters warf, glaubte er anderthalb Jahrzehnte später seine unbefangene Ansicht gründlich revidieren zu müssen. Zunächst hatte Beutler geschrieben (1932): „Wir sehen heute schärfer die Gefahren und Abgründe der Goetheschen Existenz, den Dämon und die Dämonen, fühlen, wieviel Leiden und heroischer Kampf in dieser Lebensleistung war, und ahnen, daß wir auch jetzt nur das sehen und erkennen, was uns Goethe preisgeben wollte, daß aber hinter dem Vordergrundsbild Schichten liegen, zu denen schwer ist Zugang zu finden."

Diese Aussage Beutlers findet übrigens eine entfernte Parallele in Franz Kafkas Bedauern wegen des „unglücklichen Goethe, der so viele unglücklich gemacht hat". Gleichzeitig schreibt der Prager Dichter in sein Tagebuch: „Trost bei Goethe".

Bei der Ausarbeitung eines Vortrags zu „Goethes Christlichkeit", an sich bereits ein reichlich umständliches Thema, äußert Beutler dann aber 1946 in einem Brief an den Philosophen Karl Jaspers: „Ich möchte mich nämlich gegen den Begriff des Dämonischen, wie ihn der alte Goethe in seiner Verzweiflung konstruiert hat, wenden. Die Leute benutzen den Begriff, um sich der Verantwortung zu entledigen, und das geht nicht."

Ziemlich kategorisch vorgetragen, diese Ansicht, man

könnte auch sagen: „christlich" mit allen Konsequenzen, die darin liegen. Goethe hat ja auch gar nichts „konstruiert", was ihn seiner Verantwortung entledigen sollte, sondern geschrieben, wie es ihm vornehmlich im hohen Alter ums Herz war, als er sich gegenüber Eckermann einmal wieder zum Thema „Liebe" äußerte: „. . . denn nicht bloß wir sind die Liebe, sondern es ist auch das uns anreizende liebe Objekt. Und dann, was nicht zu vergessen, kommt als ein mächtiges Drittes . . . das Dämonische hinzu, das jede Leidenschaft zu begleiten pflegt und das in der Liebe sein eigentliches Element findet."

Anders als im christlichen Glauben, der das Dämonische in ein ausschließlich Böses, Verderbliches umdeutet, bleibt es bei Goethe stets nur das unerklärbar Wirkende im Menschen, das er noch am ehesten mit der Liebe in Verbindung bringt. Auf die vorherrschende Ambivalenz seiner erotischen Empfindungen angewendet, besagt dies nur, daß er es (vielleicht) bedauert hat, dem „mächtigen Dritten" so oft widerstanden zu haben, dem „anreizenden lieben Objekt". „Entsagung" wird ja zu einem Lieblingswort in den mittleren Jahren, und die „Wahlverwandtschaften" tragen denn auch den Nebentitel „Die Entsagenden". Kulturleistung durch Triebverzicht - der vorweggenommene Freud blinzelt uns aus den Fugen eines überkonstruierten Romankonzepts an.

Der Goethe, der sich Männern in Gesten und Gedanken öffnet, erscheint uns da als ein völlig anderer. Er hat den Mut zu dem, was man später „zweideutige Freundschaften" nennt. Und auf die Gegenwart bezogen fragt sich der Soziologe und Sexualforscher Philippe Ariès mit großer Berechtigung, „ob nicht ein Zusammenhang be-

184

steht zwischen einer weitgehenden gesellschaftlichen Akzeptanz der Homosexualität und einer schwindenden Bedeutung der Freundschaft in unserer Gesellschaft". Denn im 17. und 18. Jahrhundert schloß „Freundschaft" gewisse Formen der Liebe durchaus ein, zwischen Personen gleichen Geschlechts wie unter Verlobten und Eheleuten. Die briefliche Anrede einer Ehefrau an ihren Ehemann konnte durchaus lauten: „Mein Freund, wie sehr ich Sie vermisse…" In unseren Tagen existiert diese Art Freundschaft vielleicht nur noch unter Jugendlichen, mit denen sie dann verschwindet oder im fortgeschrittenen Alter verlorengeht.

Eines steht außer Frage: Seine Freundschaften mit Männern hat Goethe weitaus ernster genommen als den Verkehr mit Frauen. Über den schwer erkrankten, zehn Jahre jüngeren Hausgenossen und engen Freund Heinrich Meyer äußert ein tief erschrockener Goethe gegenüber dem behandelnden Arzt: „Sorgen Sie dafür, dass er mir nicht stirbt, bevor ich selbst gehen muss!" Den Gipsabguß einer bei Klauer bestellten Jacobi-Büste weist er mit dem Ansinnen zurück, er wünsche sich „einen Kopf aus sächsischem Marmor", um dem Antlitz des schönen Freundes eine gewisse Dauer zu verleihen: „Und wenn er gerät, werde ich mich sehr freuen." Die Beziehung zwischen diesen beiden Männern, nicht zwischen den Schriftstellern, ließ schon Wilhelm Bode zu der Einschätzung kommen, daß ihr Verhältnis „als Freundschaft nicht haltbar gewesen ist, als Liebe jedoch bestehen blieb".

Richard Friedenthal glaubte zwar herausgefunden zu haben, daß der Dichter panische Angst davor empfunden hat, manifest homosexuell zu werden. Ich glaube nicht an diese Angst bei ihm. Mehr jedenfalls als diese plagte ihn insgeheim eine archaische Furcht vor dem Weibe: „Die Mütter! – Mütter! 's klingt so wunderlich" läßt er Faust vor dessen schwerem Gang in das Reich der Schatten, in dem sie thronen, seine Verlegenheit mit leisem Spott bedecken. Auf Spuren wie diese trifft man häufiger in Goethes Werk, oder in den Briefen. Eine Männer-Angst läßt sich schwerlich nachweisen. Mit sich selbst bleibt er freilich ein Leben lang beschäftigt, und hört niemals damit auf. Eine gesunde Portion Eigenliebe ist immer dabei. Er hat dafür im „Lied des Türmers" den folgenden schönen Ausdruck gefunden: „. . . und wie mir's gefallen, gefall' ich auch mir". An anderer Stelle läßt er eine seiner Bühnengestalten ausrufen: „Welch' Glück sondergleichen, ein Mannsbild zu sein!" Wobei der Dichter nicht übersieht, „dass Männer immer im Widerspruch mit sich selbst sind". Bewußt war ihm wohl auch, daß Liebe niemals selbstlos verschenkt wird, sondern eigensüchtig handelt, und ich-erhöhend angelegt sein will. Denn, so urteilt der Alte einmal, ohne sich ausdrücklich einzubeziehen, obwohl er wie jeglicher sonst gemeint sein muß: „Die wenigsten Menschen lieben an dem andern das, was er ist, nur das, was sie ihm leihen, sich, ihre Vorstellung von ihm, lieben sie."

Grenzenlose Egozentrik spricht zuweilen aus ihm, ohne die er sich allerdings kaum über die Widrigkeiten des Daseins hätte erheben können, nachdem er für seine Person offenbar beschlossen hatte, auf das Ausleben seiner Obsessionen zu verzichten, ja sogar die Objekte seiner Begierden zu verleugnen: „Wenn ich dich liebe, was geht's dich an?" Es wäre deshalb wohl auch besser gewesen, wenn Charlotte von Stein sein Liebeswerben, das einzig der Maskierung seines wahren Verlangens dienen sollte, nicht so freundlich-konventionell beantwortet hätte. Denn hellsichtig, wie Charlotte war, bemerkte sie schon wenige Monate nach ihrer ersten Begegnung mit Goethe, daß sie ihm ja „doch nur Qualen zubereiten" werde. Und möglicherweise gedachte er des kolossalen Ehrgeizes seiner einstigen Herzensdame, dauerhaft einen Vorzugsplatz in seiner Gunst einzunehmen, als er Eckermann anvertraute, „dass die Liebe immer ein wenig impertinenter Natur ist" – Charlottes Verehrer mögen dem Autor verzeihen!

Am Ende frage ich mich, ob es denn vertretbar und richtig sein soll, Legenden zu zerstören, die so viel Herzblut in sanfte Wallungen versetzt haben. Goethe und die Frauen, das ist ein Topos, an den kein Sterblicher ungestraft rühren darf. Einige seiner Angebeteten, wie etwa die Schönkopf in Leipzig, figurieren an Denkmälern, oder wurden – wie die unschuldig-anmutige Ulrike von Levetzow in Marienbad – Seite an Seite mit dem Meister auf ein Postament gestellt! Und gab es sie denn nicht wirklich, die Unentbehrlichen, und sind sie nicht wenigstens im Gedächtnis der Nachwelt lebendig und gegenwärtig? Natürlich darf niemand die Schönen und Begehrenswerten, die unendlich viele Gemüter bewegt und ergriffen haben, aus seinem Leben verbannen. Wer dies versuchte, wäre ja auch töricht ... In den Geheimfächern der Liebe zu kramen ist aber nicht nur erlaubt, sondern – wie in diesem singulären Fall – geboten! Andernfalls würden all jene Frauen, die in den Dienst einer symbolischen Dekoration des Poetendaseins gestellt wurden, bis ans Ende aller Tage in dem trügerischen Licht verharren, seine Geliebten gewesen zu sein. Dies aber wollen selbst seine leidenschaftlichsten Bewunderer nicht länger wahrhaben.

Eine der schönsten Definitionen dessen, was er unter Liebe verstand, hat Goethe schon als junger Mann in einem Brief an Catharina Fabricius gegeben: „Wenn ich Liebe sage, so meine ich die wiegende Empfindung, in der unser Herz schwimmt, immer auf einem Fleck sich hin und her bewegt, wenn irgendein Reiz es aus der gewöhnlichen Bahn der Gleichgültigkeit gerückt hat. Wir sind wie Kinder auf dem Schaukelpferde immer in Bewegung, immer in Arbeit und nimmer vom Fleck."

Deshalb kann Goethes Botschaft auch nur lauten: Bewahrt euch die Fähigkeit – vor allen anderen – zu lieben, bis zuletzt. Dann werdet auch ihr geliebt. So wie Martin Walser am Ende seines Theaterstücks „In Goethes Hand", das eigentlich auf des Dichters vermeintlichen Mangel an Sozialempfinden zielte und posthum seinem unbezahlten Sekretär Eckermann den gerechten Lohn zumessen wollte, diesen angeblich Leidenden ausrufen läßt: „Ich Goethe hassen . . . Goethe hassen, ich! Man kann ihn nur lieben, lieben, lieben."

Eckermann hat recht. Man kann nicht anders.

Zeittafel

1749 28. August: Zwischen zwölf und ein Uhr wird Johann Wolfgang Goethe in Frankfurt am Main als Sohn von Johann Caspar Goethe, Dr. jur. und Kaiserlicher Rat (ohne Amt), und Katharina Elisabeth geb. Textor geboren. Ahnherr mütterlicherseits ist Lucas Cranach d. Ältere.

1750 Goethes Schwester Cornelia Friderike Christiana wird am 7. Dezember geboren. Weitere Geschwister sterben im frühen Kindesalter.

1758 Erkrankung an den Blattern (Pocken), davon Spuren noch im Alter sichtbar.

1759 Frankfurt von den Franzosen besetzt, häufiger Besuch des französischen Theaters im Junghof. Anfänge seiner Begeisterung für die Schauspielerei.

1763 Wenige Tage vor seinem 14. Geburtstag wohnt Johann Wolfgang einem Konzert des siebenjährigen Mozart bei, dies begründet eine lebenslange Liebe zu dessen Musik. Vage Idee eines „Gretchen"-Stückes, tatsächliche Existenz umstritten, doch Urbild der Margarete im späteren „Faust"-Drama. Das schon erkennbare poetische Talent wird von zweifelhaften Freunden ausgenutzt.

1764 Der noch nicht Fünfzehnjährige bewirbt sich um Aufnahme in die „Arkadische Gesellschaft zu Phy-

landria", einem literarischen Club mit den Spiel-
regeln eines Geheimbundes. Brief vom 23. Mai
(der älteste von seiner Hand erhaltene überhaupt)
an Ludwig Ysenburg von Buri.

1765 Unterricht im Reiten und Fechten, Lektüre von
Klopstocks „Messias" und des Homer in einer
Nacherzählung aus dem Französischen. Übungen im Übersetzen von Bibeltexten, außerdem
von Fenelon und Tasso. Jugenddichtung: „Poetische Gedanken über die Höllenfahrt Jesu
Christi".

30. September: Abreise nach Leipzig zur Aufnah-
me des Universitätsstudiums. Zu seinen er-
sten Freunden gehören Johann Adam Horn,
Friedrich Maximilian Moors und Wilhelm Carl
Ludwig Moors sowie Johann Jakob Riese. Als
„Freundinnen" läßt er in Briefen an die Schwester
Cornelia häufig in cumulo grüßen: Töchter der Fa-
milien Gerock, Fabricius, Crespel, Moritz,
Runckel. Korrespondenz mit Charitas Meixner in
Worms.

1766 Mittagstisch bei der Familie des Zinngießers Christian Gottlieb Schönkopf. Der Student verliebt
sich in deren drei Jahre ältere Tochter Anna Katharina (Käthchen).

Begegnung mit Ernst Wolfgang Behrisch, Hof-
meister und späterer Prinzenerzieher in Dessau.
Goethe widmet ihm seinen ersten Gedichtzyklus,
die „Oden an meinen Freund Behrisch", posthum
veröffentlicht. Der Freund ist Urbild des Mephisto.

1767 13. Oktober: Behrisch muß Leipzig wegen angeblich auffälligen Lebenswandels verlassen.

28. Oktober: Goethe stürzt vom Pferd.

1768 Anfang März: Lösung der Beziehung zu Käthchen.

8. Juni: Winckelmann wird in Triest ermordet, sein Tod hinterläßt tiefen Eindruck auf Goethe.

Ende Juli: Blutsturz und erste Anzeichen schwerer Erkrankung. An seinem 19. Geburtstag Abreise von Leipzig nach Frankfurt, ohne noch einmal von Käthchen Schönkopf Abschied zu nehmen. Während er sich daheim auskuriert, geistiger Austausch mit der Pietistin Susanna Katharina von Klettenberg (die „Schöne Seele" im „Wilhelm Meister").

1769 Begegnungen mit Ernst Theodor Langer, religiös motivierter Briefwechsel. Im Oktober erste Veröffentlichung von Gedichten in dem Band „Neue Lieder", ohne Nennung des Textautors der Stücke in der Vertonung von Breitkopf.

1770 Aufnahme des Studiums in Straßburg. Begegnung mit den Töchtern des Pfarrers Brion in Sesenheim. Einige seiner schönsten Gedichte, u. a. das „Mailied" und „Willkommen und Abschied", in Briefen an die 18jährige Friederike. Trotzdem bekennt er im Alter: „Es waren peinliche Tage, deren Erinnerung mir nicht geblieben ist." Der gut einjährige Studienaufenthalt in Straßburg läßt ihn, auch unter der Einwirkung des späteren Freundes Johann Gottfried Herder, zum Dichter werden.

1771 Ablehnung seiner Dissertation „Über die Macht der Gesetzgeber, Religion und Kultus zu bestimmen".

Anfang August: Abschied von Sesenheim, Friederike erfährt nicht, daß er endgültig ist. Die Schwester drängt ihn zur Niederschrift seines Dramen-Plans „Götz von Berlichingen". Die erste Fassung entsteht innerhalb von sechs Wochen.

Dezember: Bekanntschaft mit Johann Heinrich Merck. In einem Brief an Herder schreibt er: „Ob ich mich . . . zu der wahren Religion hinaufschwingen kann, der statt des Heiligen ein großer Mensch erscheint." Anwaltstätigkeit in Frankfurt.

1772 Teilnahme an den Begegnungen im Kreis der „Gemeinschaft der Heiligen" um den Freund Merck, der für die nächsten Jahre sein unentbehrlicher Mentor wird. Weitere Mitglieder dieser losen Vereinigung empfindsamer Kunstfreunde sind Karoline Flachsland, Herders Verlobte (Psyche), Luise von Ziegler (Lila) und Henriette von Roussillon (Urania).

Mai: Wechsel ans Reichskammergericht zu Wetzlar. Begegnung mit Charlotte Buff, der Verlobten des Rechtsreferendars Johann Christian Kestner. Charlotte ist Urbild der „Lotte" im „Werther".

11. September: Goethe verläßt Wetzlar, wo er sich (angeblich) unsterblich verliebt hat, ohne Abschied. Brief an Charlotte: „. . . bin glücklich, daß ich in Ihren Augen lese, Sie glauben, ich werde mich nie verändern." Zur Vertrauten in dieser Zeit wird Johanna Fahlmer („Tantchen").

1773 Goethe in Darmstadt, mit Lottes Brautstrauß am Hut. Er nennt sich den „Wanderer". Bei Kestners Hochzeit ist Goethe nicht anwesend. Herder heiratet, diesmal ist Goethe dabei. Johann Caspar Lavater empfängt Goethes Porträt für seine physiognomische Sammlung.

1774 April, im ersten Brief an Lavater in Zürich: „Und so ist das Wort des Menschen mir Wort Gottes, es mögen Pfaffen oder Huren gesammelt . . . haben." Arbeit an den „Leiden des jungen Werthers", die ihn mit einem Schlage in ganz Europa berühmt machen.

Juli/August: Lahn- und Rhein-Reise mit Lavater und Johann Bernhard Basedow.

21. Juli: Für Goethe bedeutsame Bekanntschaft mit Friedrich Heinrich Jacobi („Fritz"), Beginn einer der engsten Beziehungen zu einem Manne überhaupt. (Fritz: „Mir wurde wie eine neue Seele").

15./17. Oktober: Zusammensein mit Freund Heinrich Christian Boie. Früheste Lesung aus dem „Faust", der als Fragment erst 1790 publiziert wird.

November: Schlittschuhlaufen auf den Rödelheimer Wiesen an der Nidda.

1775 26. Januar: Erster Brief seiner rückhaltlos offenen Korrespondenz mit Auguste Gräfin zu Stolberg, Schwester seiner Freunde, der Brüder Stolberg. Auguste („Gustgen") und Goethe sind sich niemals begegnet („. . . halten Sie einen armen Jungen am Herzen"). Reise in die Schweiz, mit den Brüdern Stolberg, alle tragen „Werther"-Tracht.

Ostermesse: Verlobung mit der 16jährigen Elisabeth („Lili") Schönemann.

Juni: Goethe wohnt bei Lavater in Zürich.

Juli: Mit seinem engen Freund Jakob Michael Reinhold Lenz (verschollenes Manuskript „Unsere Ehe") in Straßburg. Einladung von Herzog Carl August, für immer nach Weimar zu kommen.

Brief an Lavater: „Ich bin bis 10 im Bett liegen geblieben, um einen Catharr auszubrüten, mehr aber, um die Empfindung häuslicher Innigkeit wieder in mir zu beleben."

Herbstmesse: Goethe löst sein Verlöbnis mit Lili, ohne sie noch einmal sehen zu wollen („Liebe, Liebe, laß mich los").

11. November: Erste Begegnung mit Charlotte von Stein in Weimar („Ach, da ich irrte, hatt' ich viel Gespielen, da ich dich kenne, bin ich fast allein." – Brief an Charlotte).

Dezember: Mit jungen Herren und Damen des Hofes im Forsthaus zu Waldeck bei Bürgel.

1776 Brief an Lavater: „Alle deine Ideale sollen mich nicht irreführen, wahr zu sein, gut und böse wie die Natur."

April bis Dezember: Lenz in Weimar. Einzug ins Gartenhaus. Bruch mit Klopstock, der Goethes und des Herzogs Lebenswandel scharf kritisiert hatte. Genietreiben: Mit dem Herzog auf der Jagd. Aber auch: Eislaufen, Fechten, Schießen, Baden zu jeder Jahreszeit, Tanzen. Gedicht „Warum gabst du uns die tiefen Blicke . . .", frühe „Bilanz" einer zwiespältigen Beziehung zu Charlotte, die über zehn Jahre andauern wird.

1777 Februar: Beginn der Niederschrift von „Wilhelm Meisters theatralische Sendung" (Ur-Meister).

8.Juni: Tod seiner Schwester Cornelia, verh. Schlosser. Die Nachricht erreicht den Bruder erst am 16. d. M.: „Dunkler, zerrissener Tag".

Mitte Juli: In einem Brief an „Gustgen" Stolberg die Verse „Alles geben die Götter, die unendlichen ihren Lieblingen ganz: Alle Freuden, die unendlichen, alle Schmerzen, die unendlichen, ganz."

Sommer: Der Bauernbub Peter im Baumgarten kommt nach Weimar, da Goethe auf seiner Schweizer Reise versprochen hat, sich ihm erzieherisch zu widmen. Gedicht: „Harzreise im Winter".

3. November: Johann Georg Zimmermann, Arzt und Autor, im Brief an Lavater: „Die Liebkosungen von Goethe schienen mir die Liebkosungen eines Tigers. Man faßt unter seinen Umarmungen immer an den Dolch in der Tasche."

1778 16. Januar: Christel von Laßberg ertränkt sich in der Ilm, ein Exemplar von „Werthers Leiden" in der Tasche.

Im Gartenhaus entsteht „An den Mond". Erste Spannungen im Verhältnis zu Charlotte von Stein.

September: Der Bildhauer Gottlieb Martin Klauer modelliert seine erste Büste von Goethe, in antikisierendem Stil.

November: Als Ausdruck allgemeiner Menschenliebe unterstützt Goethe einen unglücklichen jungen Mann, den er Johann Friedrich Krafft nennt, auf dessen Hilfeersuchen hin mit 200 Talern (ein

Siebtel seines Jahreseinkommens) bis an dessen Lebensende (1785). Gedicht: „Grenzen der Menschheit".

1779 Januar/März: Tagsüber Kriegskommission und Rekrutenaushebung, abends Arbeit an „Iphigenie". Man muß ihm Musik vorspielen, „die Seele zu lindern und die Geister zu entbinden."

April: Goethe spielt zusammen mit Corona Schröter in einer Liebhaberaufführung der „Iphigenie" im Redoutensaal, die Schröter in der Titelrolle, Goethe in der des Orest („. . . alle menschlichen Gebrechen sühnet reine Menschlichkeit").

Anfang August: Goethe verspottet öffentlich den Roman „Woldemar" seines Freundes Fritz Jacobi.

September: Besuch am Grab von Cornelia. Wiedersehensbesuche in Sesenheim bei den Brions, außerdem bei Elisabeth von Türckheim geb. Schönemann („Lili") in Straßburg. Mit dem Herzog im Haus der Eltern in Frankfurt.

28. Oktober: An Lavater: „Ich denke auch aus der Wahrheit zu sein, aber aus der Wahrheit der fünf Sinne".

1780 Erste Entwürfe zu „Torquato Tasso", Auseinandersetzung zwischen dem Künstler und der Welt. Ausgedehnte Reisen durch Thüringen (Gotha, Ilmenau, Schmalkalden). Auf dem Kickelhahn, 30. September: „Über allen Gipfeln ist Ruh'". Aufnahme in die Freimaurer-Bewegung („Loge Amalia").

1781 Vermehrte Beschäftigung mit Anatomie; er hält darüber Vorträge im „Freien Zeichen-Institut". In einem Bekenntnisbrief an Lavater (Juni): „... glaube nur, das Unterirdische geht so natürlich zu wie das Überirdische." Das Tiefurter Schloß wird Sommersitz der Herzogin-Mutter Anna Amalia; dort nun ständige Tischgesellschaften, und das „Tiefurter Journal", das bis 1784 in nur elf Exemplaren erscheint.

1782 März/April: Vollendung des „Egmont", Fortsetzung der Arbeit am „Wilhelm Meister".

25. Mai: Tod des Vaters. Erhebung in den Adelsstand auf Antrag des Herzogs.

Anfang Juni: Einzug in das Haus am Frauenplan. Zunehmende Entfremdung von Herder, dann von Lavater. Goethe nennt sich unterdessen einen „dezidierten Nichtchristen".

Oktober: Versöhnung mit Fritz Jacobi, der tief verletzt auf Goethes Beleidigungen reagiert hatte. Gedicht: „Wer sich der Einsamkeit ergibt".

1783 Goethe behauptet, im Februar das Erdbeben von Messina „körperlich gespürt zu haben", wie später Eckermann zu berichten weiß. Fritz von Stein zieht zu ständiger Aufsicht und Erziehung in Goethes Haus.

Mitte September: Zweite Harzreise, Besteigung des Brocken. Gedichte: „Der Sänger", „Wer nie sein Brot mit Tränen aß".

1784 Juli: Reise mit Fritz von Stein über Eisenach ins Gebirge, allein nach Groß-Kochberg (das Steinsche Stammschloß).

Erste Septemberhälfte: Dritte Harzreise. Zweite Monatshälfte: Fritz Jacobi Gast in Weimar. Studium des Spinoza. Mit Jacobi und Matthias Claudius, der gleichfalls in Weimar zu Besuch weilt, nach Jena, um Goethes Freund Knebel aufzusuchen, der sich dort niedergelassen hat.

Dezember: Carl August bei Goethes Mutter in Frankfurt am Main. Gedicht: „Kennst du das Land . . .“

1785 Verstärkt botanische Studien.

April/Mai: Depressive Stimmungen; Brief an Knebel: „Ich flicke am Bettlermantel, der mir von den Schultern fallen will.“ Gedicht: „Nur wer die Sehnsucht kennt . . . „

Juli/August: Reise durch das Fichtelgebirge und erster Kuraufenthalt in Karlsbad.

September: Jacobi schickt dem Freund sein Buch über die Lehre des Spinoza, darin erster Abdruck der Goethe-Gedichte „Edel sei der Mensch“ und „Prometheus“.

1786 Anfang Mai: Ilmenau-Aufenthalt, von dort Brief an Fritz Jacobi: „. . . dagegen hat dich aber auch Gott mit der Metaphysik gestraft . . ., mich dagegen mit der Physik gesegnet, damit mir es im Anschaun seiner Werke wohl werde.“

3. September: Heimliche Abreise von Karlsbad nach Süden, Richtung Italien. Sorgfältig vorbereitete „Flucht“. Über Innsbruck, Brenner, Gardasee nach Venedig, Bologna, Florenz und Rom, wo Goethe am 29. Oktober eintrifft. Er wohnt bei dem Maler Johann Heinrich Wilhelm Tischbein, der ihn in klassizistischer Manier in natürlicher Größe, auf einem umgestürzten Obelisk sitzend malt. In Rom u. a. Umgang mit der Malerin An-

gelika Kauffmann. An die Mutter: „Ich werde als neuer Mensch zurückkommen". In selbstloser Aufopferung pflegt er – noch vor Eintritt in das Studium der römischen Antike – über fünf Wochen den erkrankten Karl Philipp Moritz.

1787 Reisen nach Neapel (in Begleitung von Tischbein), dann Sizilien, insgesamt drei Monate. Dort unterweist der Zeichner Christoph Heinrich Kniep ihn im Aquarellieren. Im Botanischen Garten von Palermo glaubt Goethe die „Urpflanze" entdeckt zu haben, nach seiner Idee vom Prinzip der ursprünglichen Identität aller Pflanzenteile. In Neapel sah er das landschaftliche Ideal von „Arkadien" verwirklicht; Rom nennt er dagegen „ein übel placiertes Kloster". Porträt, gemalt von Angelika; eine Büste in klassischer Manier, von Trippel geformt. Begegnung mit der „schönen Mailänderin" Maddalena Riggi. Arbeit an der achtbändigen Göschen-Ausgabe.

1788 An Carl August (17. März): „... habe mich in dieser anderthalbjährigen Einsamkeit wiedergefunden – aber als was? – als Künstler!"
Mai/Juni: Rückreise nach Deutschland. Ankunft in Weimar am 18. Juni.
12.Juli: Erste Begegnung mit der künftigen Lebensgefährtin Christiane Vulpius, unmittelbar gefolgt vom endgültigen Zerwürfnis mit Charlotte von Stein. Kühler Empfang durch die Freunde: „Keiner verstand meine Sprache."

1789 Die Lengefelds, denen Schillers Frau Charlotte entstammt, machen Goethe mit Wilhelm von Humboldt bekannt.

25. Dezember: Geburt des Sohnes Julius August Walther, einziger Überlebender von fünf Kindern, die aus der Verbindung mit Christiane hervorgehen.

1790 Anfang Januar schickt Goethe das „Faust"-Fragment für die damit vollendete erste achtbändige Ausgabe seiner Gesammelten Werke an Göschen in Leipzig. Im Februar nach Ilmenau, im März nach Jena. Schiller heiratet am 22. Februar.

April/Mai: Zweite Italien-Reise (Venedig). Flucht in die Naturwissenschaft, sein „Gemüt" treibt ihn dahin, wie er an Knebel schreibt.

Oktober: Erstmals in Schillers Weimarer Wohnung im Haus neben dem „Schwan". „Venezianische Epigramme".

1791 Erste Ausarbeitung zur Farbenlehre („Über das Blau") an den Mathematiker J.H.Voigt geschickt. Johann Heinrich Merck begeht Selbstmord. „Freitagsgesellschaft" eröffnet, Vorträge zur Naturwissenschaft (bis 1797). Heinrich Meyer („Kunschtmeyer") nimmt Wohnung bei Goethe.

1792 18. April, Brief an Carl August: „Das Licht und Farbenwesen verschlingt immer mehr meine Gedankenfähigkeit."

Juni: Goethe bezieht, nun für immer, das Haus am Frauenplan, das der Herzog ihm 1794 schenkt. Während Goethes Abwesenheit ab Juni großer Innenaus- und -umbau nach Plänen von Meyer in klassizistischem Stil.

November/Dezember: Im Hause des Freundes Fritz Jacobi in Düsseldorf-Pempelfort. Dort ver-

brennt Goethe sein „Kriegs- und Reisetagebuch"
von der Teilnahme am Feldzug in Frankreich, als
Begleiter des Herzogs. Bei der Kanonade von
Valmy hatte er den Ausspruch getan: „Von hier
und heute geht eine neue Epoche der Weltge-
schichte aus".

1793 August: Goethe besucht den verwundeten Prinzen
Louis Ferdinand von Preußen. Geburt des dritten
Kindes, Caroline, das 13 Tage darauf stirbt.

1794 Zwischen 20. und 23. Juli: Beim Verlassen der
„Naturforschenden Gesellschaft" angeregtes Gespräch mit Schiller über die Urpflanze, wodurch
die Freundschaft der beiden Männer begründet
wird. Schiller für Wochen Gast in Goethes Haus,
umgekehrt verbringt Goethe jetzt Wochen oder
Monate in Jena. Goethe empfängt Friedrich Hölderlin in Weimar, nachdem sich die beiden in Jena
bei Schiller kennengelernt haben. Beginn des pro-
duktiven Briefwechsels zwischen Schiller und
Goethe.

1795 April: Arbeit an dem Gedicht „Nähe des Geliebten", offenkundig auf den Freund gemünzt. Mit-
arbeit an Schillers Zeitschrift „Die Horen". An
Alexander von Humboldt, bezugnehmend auf dessen „Aphorismen aus der chemischen Physiologie
der Pflanzen": „Da Ihre Beobachtungen vom Element, die meinigen von der Gestalt ausgehen, so
können wir uns nicht genug beeilen, uns in der
Mitte zu begegnen." – „Römische Elegien".

1796 Lavater in Jena. Goethe: „Ich werde mich seiner
zu enthalten suchen." Reise nach Leipzig. Der Versuch, nochmals nach Italien zu reisen, wird auf-

gegeben. Das Gedicht „So laßt mich scheinen"
entzückt Schiller.

1797 Sommer: Gespräch mit Schiller über naive und
sentimentale Poesie. Dritte Schweiz-Reise. Zu-
gunsten des erkrankten Freundes wird der Plan
einer Übersiedlung nach Italien aufgegeben.
Juli: Verbrennung aller bis 1792 erhaltenen Briefe. Schiller: Von Goethe getrennt, „so fehlt mir das
Element, in dem ich leben soll." Letzte Begegnung
mit Hölderlin. An Meyer in Stäfa: „Bin so los und
ledig als jemals . . ." – „Hermann und Dorothea".

1798 Auf Gut Ober-Roßla. Begegnungen mit Novalis
und Schelling.
Juni: Elegie „Metamorphose der Pflanzen". Zeitschrift „Propyläen" (bis 1800). Schiller ermuntert
Goethe zur Weiterarbeit am „Faust".

1799 Hochsommer: Im Gartenhaus. Mondbetrachtun-
gen. „Neue Schriften" bei Unger (Berlin). Ausstel-
lungen der „Weimarer Kunstfreunde" (bis 1805).
August: Erster Brief an Zelter. Schillers Wechsel
von Jena nach Weimar.

1800 Februar: Erkrankung Schillers. Arbeit an der
„Helena" (später „Faust II").
27. September, Brief an den 25jährigen Schelling:
„Ich wünsche mir eine völlige Vereinigung, die ich
durch das Studium Ihrer Schriften, noch lieber
durch Ihren persönlichen Umgang . . . zu bewir-
ken hoffe." Gedichtzyklus „Vier Jahreszeiten"
vollendet.

1801 2. Januar: Erkrankung an Gesichtsrose, Erstik-
kungsgefahr. Schwere Fieberphantasien. In Wien
schon totgesagt. Lavater stirbt (2.1.). Gedicht

„Dauer im Wechsel". Reisen nach Göttingen, Kassel, Bad Pyrmont.

Oktober: Gründung des Mittwochkränzchens „Cour d'amour", das sich in den Wintermonaten nach dem Theater bei Goethe trifft.

1802 Februar: Erste Begegnung mit Zelter aus Berlin. Tod Corona Schröters in Ilmenau.

November: Meyer, um einen eigenen Hausstand zu gründen, verläßt Goethes Haus. Der 16jährige Carl Unzelmann gibt Goethe Veranlassung zur Gründung einer Schauspielschule.

Dezember: Geburt der Tochter Kathinka, drei Tage später gestorben.

1803 Friedrich Wilhelm Riemer wird Hauslehrer von Sohn August. In Jena, mit Herder. Zelter besucht Goethe in Weimar. Begegnungen mit Philipp Otto Runge und Anne-Louise Germaine de Staël, in deren Begleitung Benjamin Constant.

18. Dezember: Tod Herders.

1804 Mehrere intensive Gespräche mit Madame de Staël. 3.–10. Januar krank im Bett.

August bis September: mit Christiane in Lauchstädt. Ernennung zum Wirklichen Geheimen Rat. Arbeit am Aufsatz über Winckelmann. – „Die natürliche Tochter".

1805 Nierenkoliken. Ende Januar erkrankt auch Schiller.

20. April: Goethe zeigt Schiller das abgeschlossene Werk „Winckelmann und sein Jahrhundert".

1. Mai: Letzter Besuch beim kranken Freund; Schiller stirbt am 9. Mai. Der Plan einer Dichtung „Schillers Totenfeier" bleibt unausgeführt.

Dezember: in Jena, Carl August mit Prinz Louis Ferdinand und Achim von Arnim zu Besuch, „tranken die ganze Nacht ungeheuer viel um die Wette".

1806 Februar/März: Kränkelnd zu Bett.

April: „Faust I" abgeschlossen.

Juni: Böhmen, Bäderreise. In Karlsbad Umgang u. a. mit Heinrich XIII., Fürst von Reuß, Amalie von Levetzow, Fürstin Solms, Fürst Liechtenstein, August von Herder.

31. Juli: Aufnahme in die Berliner Akademie.

6. August: Goethe erfährt im Reisewagen vom Ende des Heiligen Römischen Reiches Deutscher Nation. Zurück in Weimar, findet er dort im Oktober „alles in voller Unruhe und Bestürzung".

19. Oktober: Trauung in der Sakristei der Jakobskirche.

1807 April: Erster Besuch der Bettina von Brentano, diese führt seit 1806 Tagebuch über Goethes Leben nach Erzählungen der Mutter.

Mai: Erstes Kapitel von „Wilhelm Meister" diktiert, das Buch wird erst 1829 vollendet. Anfertigung einer Gesichtsmaske, mit der Maßgabe, keine Totenmaske abzunehmen.

Ende Oktober: Lektüre von Kants „Über den ewigen Frieden". Regelmäßige Hausmusik wird eingeführt, sonntags, gelegentlich auch im Theater, Goethe selbst singt die Baßstimme.

14. Dezember: Letzter Brief an Lili von Türckheim. Sonette auf Minchen Herzlieb im Wettstreit mit Zacharias Werner und Riemer.

1808 8. Januar: Erster Brief an Bettina.
Sommer in Böhmen: Franzensbad, Eger, Karlsbad.
2. Oktober: Erste Unterredung mit Napoleon, Fortsetzung des Gesprächs am 10., am 14. Okt. Verleihung des Ritterkreuzes der Ehrenlegion. Begegnung mit Frankreichs größtem Schauspieler François Joseph Talma.
20. Dezember: Charlotte von Stein erscheint in der Teegesellschaft von Christiane.

1809 „Geschichte der Farbenlehre". Goethe liest magische und kabbalistische Literatur. „Die Wahlverwandtschaften".
Oktober: Erste Entwürfe zur Autobiographie „Dichtung und Wahrheit".

1810 April: „Das Tagebuch", Reisegedicht mit erotischen Bezügen. Aufenthalte in Karlsbad, Teplitz, Dresden. Begegnungen mit Kaiserin Maria Ludovica von Österreich.
Mai: Bekenntnis zum Abschluß der „Farbenlehre" an Frau von Stein: „Ich bin dadurch zu einer Kultur gelangt, die ich mir von einer andern Seite schwerlich verschafft hätte." Erster Brief an den jungen Kunstsammler Sulpiz Boisserée.
August: Besuche von Zelter, Bettina und den Savignys. Bettina berichtet von Beethoven in Wien.

1811 Mai: Erster Besuch von Sulpiz Boisserée. Über Beethoven, dessen Sonaten er sich vorspielen läßt: „Was so auf der Kippe steht, muß sterben oder verrückt werden, da ist keine Gnade." Zerwürfnis des Ehepaars Goethe mit dem Ehepaar Bettina und Achim von Arnim.

25.Juni: Brief an Beethoven. „Aus meinem Leben. Dichtung und Wahrheit" (1. Teil). Goethes einzige Nichte (Lulu) gestorben (28. Sept.). Fritz Jacobi bittet Goethe um Erwähnung ihrer Beziehung in seinen Memoiren.

1812 In Karlsbad Bekanntschaft mit Beethoven. Zelter schreibt ihm über den Selbstmord seines Stiefsohnes, in Goethes brieflicher Antwort Wechsel zum „Du" mit dem Altersfreund.

15. Dezember: Napoleon erkundigt sich auf der Durchreise von Rußland nach Frankreich in Weimar nach Goethe.

Winter 1812/13: „Immer kränklich und niedergeschlagen".

1813 20.Januar: Tod Wielands. Gespräch mit Falk über den Glauben an die Unsterblichkeit. Begegnungen mit Zar Alexander I. und Fürst Metternich. Konzeptionen über das „Dämonische". Wegen Kriegsunruhen vorzeitig auf Bäderreise.

August: Beim Ritt nach Ilmenau entsteht das Gedicht „Gefunden" (Ich ging im Walde . . .), für Christiane zum Anlaß 25jährige Verbindung. „Sieben sehr vergnügte Tage".

November: Nähere Bekanntschaft mit Arthur Schopenhauer. Erste Arbeit an der „Italienischen Reise".

12. Dezember: Gespräch mit dem Arzt Georg Kieser. Goethe „furchtbar, heftig, gewaltig, grollend".

1814 Erholungsaufenthalt in Bad Berka. Erste Rhein-Main-Reise. Bekanntschaft mit Marianne Jung, nachmals verh. von Willemer, Urbild der Suleika im „Divan".

August: Wiederbegegnung mit Jugendfreund Riese. Neuerlicher Besuch von Zelter. Orientstudien zum „Divan". Besuch bei den Brüdern Boisserée in Heidelberg. – „Dichtung und Wahrheit" (3. Teil).

1815 Februar: Ernste Erkrankung von Christiane.
Zweite Rhein-Main-Reise. Mit Freiherr vom Stein in Köln, Begeisterung für die Gotik und Vollendung des Doms. Ernennung zum Staatsminister im nunmehrigen Großherzogtum Sachsen Weimar-Eisenach. Begegnungen mit den Schwestern Egloffstein. Zehnter Todestag Schillers, Gedenkfeiern. Erste „Suleika"-Gedichte für den „Divan". Lektüre von Schopenhauers Handschrift „Über das Sehn und die Farben". Neuerliches Treffen mit Sulpiz Boisserée.
August: Bei den Willemers auf der Gerbermühle bei Frankfurt, dort Begegnung mit Rahel Varnhagen.
18. September: Letzte Begegnung mit Marianne von Willemer. – „Zahme Xenien I".

1816 Lektüre von Lord Byrons Gedichten.
4./5.Juni: Heftiger Fieberanfall Goethes. „Nahes Ende meiner Frau. Letzter fürchterlicher Kampf ihrer Natur. Sie verschied gegen Mittag. Leere und Totenstille in und außer mir." Nach Sturz mit dem Reisewagen Aufgabe seiner Kur-Pläne in Baden-Baden.
September: Charlotte Kestner geb. Buff bei Goethe in Weimar. Zeitschrift „Über Kunst und Altertum" (bis 1832). Erste Skizzen zum zweiten Teil des „Faust".

1817 April: Goethe legt die Theaterleitung nieder, nachdem gegen seine Anordnung ein Hund auf der Bühne erschienen war.

17. Juni: Hochzeit des Sohnes August mit Ottilie von Pogwisch.

Oktober: „Urworte. Orphisch", angeregt durch Creuzer. Orientalische Studien.

1818 9. April: Goethes erster Enkel, Walther Wolfgang, geboren, aus diesem Anlaß „Wiegenlied". Sein Großneffe Franz Nicolovius als Student in Jena, Besuche beim Großonkel. Besuche von Hegel, Zelter, Fürst Reuß. Goethe liest den Koran.

1819 Entgegennahme von Schopenhauers „Welt als Wille und Vorstellung" aus der Hand von dessen Schwester Adele.

März: Brief an Marianne von Willemer, Enttäuschung wegen ihres Fernbleibens. Besuche von Wilhelm von Humboldt, Zelter, Schopenhauer.

28. August: Goethe begeht seinen 70. Geburtstag im Reisewagen zwischen Asch und Karlsbad. Goldener Lorbeer von Frankfurter Verehrern. Von da an regelmäßige Geburtstagsfeiern. – „West-östlicher Divan".

1820 Zweiter Enkelsohn Wolfgang Maximilian geboren. Wiederaufnahme der Arbeit an „Wilhelm Meisters Wanderjahre".

4. November: Achim von Arnim erstmals wieder bei Goethe (letzter Besuch). – „Zahme Xenien II".

1821 Besuch von Karl von Türckheim, Lilis Sohn.

26. Mai: Schinkels Schauspielhaus in Berlin wird mit einem Prolog Goethes feierlich eröffnet.

Bäderreise: Marienbad, Eger, Franzensbrunn. Erstmals sieht er Ulrike von Levetzow.

2. Oktober: Erster Brief an Johann Peter Eckermann.

November: Besuch von Zelter (mit Tochter), und dessen gerade 12jährigem Schüler Felix Mendelssohn, der ihm „größte Freude" macht.

25. November: Goethe hört vom Tod Napoleons (gest. 5.Mai). – „Zahme Xenien III".

1822 Augenerkrankung. Friedrich Justin Bertuch gestorben. Mehrmonatige Bäderreise in Böhmen. Besuch von Doris Zelter. Felix Mendelssohn abermals bei Goethe: „Ich bin Saul und du bist mein David." Ab Oktober jeweils an Dienstagen gesellige Abende in seinem Hause.

1823 Februar/März: Schwer erkrankt an Herzbeutelentzündung. Zur Feier seiner Genesung Aufführung des „Tasso" am 22. März.

Juni: Erste Begegnung mit Eckermann. Gedicht „Aussöhnung" (für Maria Szymanowska). Letztmalig in Karlsbad, dort Begegnung mit und Leidenschaft für Ulrike von Levetzow.

28. August: An seinem 74. Geburtstag mit den Levetzows in Ellbogen im „Weißen Roß" („Tag des öffentlichen Geheimnisses"). Goethe bittet Carl August, bei Ulrikes Mutter um die Hand der Tochter anzuhalten. Sofortige Abreise der Familie Levetzow. Nach Abfahrt von Karlsbad Niederschrift der „Elegie".

November/Dezember: Zelter muß ihm immer wieder die Marienbader „Elegie" vorlesen.

1824 Februar: Erscheinen der frühesten Schrift „Über Goethes Faust". Goethe läßt seine Freunde nacheinander porträtieren, Auftrag an Schmeller. Zum 50. Jahrestag des Erstdrucks Jubiläumsausgabe von „Werthers Leiden". Beginn der Arbeiten an der Herausgabe der Korrespondenz mit Schiller. 19. April: Lord Byron gestorben. Besuch Bettinas, mit Denkmalsentwurf.
28. August: Goethes 75. Geburtstag.
2. Oktober: Heinrich Heine zu Besuch in Weimar.

1825 Goethe holt sich mit Johann C. Schuchardt neben Kräuter und John einen weiteren Sekretär ins Haus.
Mai: Durchsicht der ersten, von Eckermann aufgezeichneten „Unterhaltungen mit Goethe".
3. September: 50jähriges Regierungs-Jubiläum von Carl August. Goethe um 6 Uhr in der Frühe erster Gratulant im Römischen Haus.
Weihnachten: Goethe erhält von Ludwig I. von Bayern einen Abguß der Medusa Rondanini geschenkt.

1826 Goethe empfindet sich zusehends selbst als „historisch". Konzeption der Idee der von ihm so benannten „Weltliteratur". Er schließt einen Vertrag mit dem Verleger Cotta über die „Ausgabe letzter Hand", erstes Beispiel für umfassendes Urheberrecht: „Unter des durchlauchtigsten deutschen Bundes schützenden Privilegien"; Autorenhonorar: 60.000 Taler (Goethe hatte 100.000 verlangt). Die Arbeit am „Faust" wird für den Hochbetagten zum „Hauptgeschäft".
Juni: Dr. Karl Vogel löst den verstorbenen Dr.

Rehbein als Hausarzt ab. Goethes Porträt von Sebbers auf eine Porzellantasse gemalt. Besuch von Franz Grillparzer sowie den Gebrüdern Humboldt.

18. September: Goethe betrachtet Schillers Schädel, holt ihn in sein Haus.

1827 6. Januar: Charlotte von Stein gestorben. Zur Frühjahrsmesse erscheinen die ersten zehn Bände der Ausgabe letzter Hand.

12. Mai bis 8. Juni: Er bewohnt noch einmal das Gartenhaus. Alma von Goethe geboren.

Mitte Dezember: Nach Goethes Wunsch werden Schillers Gebeine mit dem Kopf vereint in der Fürstengruft beigesetzt. Der Schlüssel zum Sarg bleibt in Goethes Verwahrung.

1828 Ende Mai: Im Auftrag des bayerischen Königs beginnt Joseph v. Stieler mit Goethes Porträt, vollendet am 3. Juli.

26. und 28. Mai: Carl August die letzten Male bei Goethe, danach Abreise nach Berlin. Auf der Rückkreise von Berlin stirbt der Herzog am 14. Juni in Graditz. Goethe „flieht" in die Dornburger Schlösser: „Bei dem schmerzlichen Zustand des Innern [Carl Augusts Tod] mußte ich wenigstens meine äußern Sinne schonen."

September: Rauch modelliert Goethes Büste.

8. November: Noch bevor das Werk auf deutsche Bühnen kommt, erlebt der „Faust" seine Pariser Premiere.

Weihnachten: Goethe hält die ersten Exemplare des Briefwechsels mit Schiller in Händen.

1829 19. Januar: Deutsche Erstaufführung des „Faust"
      in Braunschweig. Ehezwist bei Ottilie und August
      von Goethe.
      Juli/August: Letzte Aufenthalte im Gartenhaus.
      28. August: Zum 80. Geburtstag Goethes über-
      reicht König Ludwig von Bayern ihm einen Abguß
      von „Niobes Sohn". Schwiegertochter Ottilie ent-
      wirft ihre Zeitschrift „Chaos", Goethe sagt ihr Mit-
      hilfe zu.
      Dezember: Französische „Faust"-Übertragung
      des Dichters Gerard de Nerval.

1830 10. März: Mit Eckermann Gedankenaustausch
      über die Einheit Deutschlands („Mir ist nicht
      bang ...". Der Sohn geht mit Eckermann auf Ita-
      lienreise. Der junge Mendelssohn spielt letztma-
      lig Goethe vor, u. a. aus Beethovens 5.Sinfonie
      („Das ist sehr groß, ganz toll"). Goethe weist Zu-
      dringlichkeiten Bettinas brieflich zurück.
      26. Oktober: Der Sohn stirbt in Rom, Goethe
      erfährt erst am 10. November davon, durch
      „schonende Freunde". Zwei Wochen darauf:
      Blutsturz.

1831 6. Januar: Abschluß des Testaments, Nachträge
      am 22. d. M. und im Mai. Im Februar stirbt der
      Jugendfreund F. M. Klinger. Rückgabe der Briefe
      von Marianne von Willemer, begleitet von dem
      Gedicht „Vor die Augen meiner Lieben".
      17. März: Die beiden Schlußbände der Ausgabe
      letzter Hand erscheinen.
      Mitte August: Das Manuskript von „Faust II" wird
      eingesiegelt („nach meinem Tode zu öffnen").
      Ende August: Mit den beiden Enkeln nach

Ilmenau, um dort in aller Stille Geburtstag zu
feiern.

September: Einen Brief an Felix Mendelssohn
beginnt Goethe mit „Mein lieber Sohn . . .“

1832 Das Todesjahr beginnt mit der Wiedereröffnung
der versiegelten Handschrift; daraus Ottilie vorgelesen. Gedanken über die Göttlichkeit der
Bibel wie der Sonne („Wär' nicht das Auge son-
nenhaft . . .“).

14. März: Letzte Spazierfahrt. Maria Pawlowna
zum letzten Mal in Goethes Haus.

16. März: Krank zu Bett. Letzter Tagebucheintrag:
„Den ganzen Tag wegen Unwohlseyns im Bette
zugebracht.“

17. März, an Wilhelm von Humboldt: „Verwirrende Lehre zu verwirrendem Handel waltet über
die Welt“.

22. März: Goethe stirbt mittags um halb zwölf.

Was muß, was kann man noch von und über Goethe lesen?

Eine kleine kommentierte Literaturliste

Bei Empfehlungen zur Lektüre von Goethes Werken ist Vorsicht geboten; es besteht die Gefahr, bei jeglicher Auswahl danebenzugreifen. Andererseits wäre es vermessen, wenn man verlangte, a l l e s durchzuarbeiten, was Goethe in einem langen und schaffensreichen Leben hervorgebracht hat. Nicht leicht zu beantworten ist bereits die Frage, ob man den „Faust" lesen müsse, bevor man sich ihn im Theater anschaut? Und: Lohnt es sich noch, sich in die Idylle „Hermann und Dorothea" zu vertiefen, immerhin eines seiner erfolgreichsten Bücher, das aber heute nur noch wenigen bekannt ist? Muß man die „Farbenlehre" studiert haben um zu erfahren, daß sie für die Nachwelt vornehmlich Bedeutung in der Farbenpsychologie gewonnen hat? Zweifelsfrei steht allerdings fest: Den „Werther" darf man sich nicht entgehen lassen, auch nicht den „Tasso", den „Götz von Berlichingen" und – in Teilen zumindest – den deutschen Roman schlechthin: „Wilhelm Meisters Lehr- und Wanderjahre".

Vor allem aber: Goethes Liebeslyrik!! Niemals vor oder nach ihm hat die deutsche Sprache in dieser Fülle und Farbenpracht, in Zeichen und Zartheit, in Tiefe und Tönung ihrer Schwingungen soviel Schönes und Spannungsreiches hervorgebracht. Wer Goethes Gedichte kennt, kennt daher den Dichter. Der Rest ist Liebhaberei.

Unverzichtbar auch einige der Briefwechsel mit Freunden und Frauen, Zeugnisse seines Privatlebens und gesellschaftlichen Verkehrs. Unter den Briefwechseln zwischen Goethe und Freunden verdienen hervorgehoben zu werden die mit Friedrich Schiller, Carl August von Sachsen-Weimar, Karl Friedrich Zelter, Heinrich Meyer, Wilhelm von Humboldt, Johann Caspar Lavater, Sulpiz Boisserée, Karl Ludwig von Knebel und Friedrich („Fritz") Heinrich Jacobi (dieser bisher nur in seiner Erstausgabe von 1846 vorhanden!), ergänzt durch die Herausgabe der „38 Briefe von Jacobi an Goethe" 1941/43. Goethes „Ehe in Briefen" stellt immer noch die verläßlichste Quelle für die Deutung seiner Beziehung zu Christiane Vulpius dar. Gelesen haben muß man außerdem Goethes Briefe an Charlotte von Stein, kein Brief„wechsel", sondern bedauerlicherweise nur ein Monolog, da Charlotte ihre Briefe zurückforderte und offenbar vernichtet hat, bis auf wenige Notizzettel aus der frühen und einige Briefe von ihrer Hand an Goethe in den späteren Jahren.

Einfacher fällt mir die Auswahl aus Werken über Goethe, Biographischem wie Deutungsversuchen seiner Kunst und Gedankenwelt. Obenan stehen hier die unmittelbaren Lebenszeugnisse in Aufzeichnungen seiner Freunde aus der privaten Sphäre, und hier wiederum das schöne Buch von Johann Peter Eckermann „Gespräche mit Goethe in den letzten Jahren seines Lebens", erschienen in drei Teilen 1836/1848, seither in vielen Neuausgaben greifbar. Ferner Friedrich Wilhelm Riemers

„Mitteilungen über Goethe. Aus mündlichen und schriftlichen, gedruckten und ungedruckten Quellen" (1841). Schließlich die „Unterhaltungen mit Goethe", herausgegeben von Friedrich von Müller (1870) sowie „Goethes Gespräche", irreführender Titel eines voluminösen vierbändigen Werkes mit rund 7000 Aufzeichnungen von Zeitgenossen – in Briefen und Tagebüchern – über Goethe oder dessen unmittelbare private Umgebung, herausgegeben von Fr. Frhr. von Biedermann, ergänzt und neu hrsg. von W. Herwig (1965/72).

Wer tiefer in Goethes Leben eindringen möchte, der wird sich im vielfältigen Werk des Weimarer Autors Wilhelm Bode umsehen müssen. Hervorzuheben sind die von ihm herausgegebenen drei Bände „Goethe in vertraulichen Briefen seiner Zeitgenossen" und die Monographie „Weib und Sittlichkeit in Goethes Leben und Denken", darin erstmals eine Betrachtung über „Die Liebe zum gleichen Geschlecht" (!)

Unter den Gesamtdarstellungen und Monographien enthalten wertvolle Informationen und Erkenntnisse die Bücher der Klassiker der Goethe-Philologie im ausgehenden 19. Jahrhundert: Heinrich Düntzer, Herman Grimm und Albert Bielschowsky mit Biographischem und Werkdeutungen. Immer noch lesenswert auch die Bücher von Emil Ludwig, Karl Heinemann, Georg Witkowski oder P. J. Möbius. Obwohl Friedrich Gundolfs große Goethe-Biographie streckenweise nicht mehr lesbar erscheint, bleibt sie authentisches Zeugnis der vom „Titanischen" ergriffenen Dichter-Idee der ersten Hälfte des 20. Jahrhunderts. Mehr Werk-Interpretation als Biographisches enthalten die drei Bände des Schweizer Germanisten Emil Staiger. Erwähnenswert außerdem die

Biographie „Goethe - Das Leben im Werk" von Heinrich Meyer, in den ersten Nachkriegsjahren entstanden und in jüngster Zeit neu aufgelegt. Zu einem Erfolgsbuch wurde in den 60er Jahren die vorzüglich lesbare Biographie von Richard Friedenthal „Goethe. Sein Leben und seine Zeit". Ihm gelang ein erster Versuch, das Goethe-Bild zu entstauben und mit Wärme und Lebendigkeit zu erfüllen. Eine germanistische Meisterarbeit auch das umfangreiche biographisch-philologische Opus des Kölner Germanisten Karl Otto Conrady.

Eine Sonderstellung nimmt die 2000 Seiten starke „psychoanalytische Studie" des Freudianers Kurt R. Eissler ein. Trotz des enormen Umfangs immer wieder eine spannende Lektüre, die geeignet ist, ebensoviel Widerspruch wie Zustimmung hervorzurufen.

Dem britischen Germanisten Nicholas Boyle blieb es vorbehalten, gegen Ende dieses Jahrhunderts die gültige, zeitgemäße Biographie Goethes in zwei umfangreichen Bänden zu schaffen. Sie wird vollständig erst zu Goethes 250. Geburtstag vorliegen.